Friedrich Leberecht Wilhelm Schwartz

Leitfaden für den deutschen Unterricht auf höheren Lehranstalten

Friedrich Leberecht Wilhelm Schwartz

Leitfaden für den deutschen Unterricht auf höheren Lehranstalten

ISBN/EAN: 9783743483125

Hergestellt in Europa, USA, Kanada, Australien, Japan

Cover: Foto ©Paul-Georg Meister /pixelio.de

Manufactured and distributed by brebook publishing software
(www.brebook.com)

Friedrich Leberecht Wilhelm Schwartz

Leitfaden für den deutschen Unterricht auf höheren Lehranstalten

Leitfaden

für den

deutschen Unterricht

auf höheren Lehranstalten

von

Dr. W. Schwartz,

Direktor des Königl. Luisen-Gymnasiums in Berlin.

Dreizehnte Auflage.

Berlin.

Verlag von Wilhelm Hertz.
(Besser'sche Buchhandlung.)
1889.

Aus den Vorreden der früheren Auflagen

mit einzelnen nachträglichen Zusätzen.

Der Hauptnutzen eines Leitfadens für den deutschen Unterricht auf höheren Lehranstalten beruht — abgesehen davon, daß er jedes Diktieren in dieser Hinsicht in den unteren Klassen erspart, — zunächst darin, daß eine übereinstimmende Entwickelung der Lehre vom Satzbau in allen sprachlichen Stunden zur Anwendung kommen kann. Um dies zu leisten, muß die Grundlage einen mehr allgemeinen Charakter haben. Das ist der Fall, wenn die Satzlehre sich nicht formal eng an das Deutsche anschließt, sondern der Gedanke mit seinem realem Inhalt in geeigneten Fragestellungen vor dem Schüler sich entfaltet[1]) (vgl. namentlich §. 18, §. 19 u. die Tabelle S. 39).

Diese Methode klärt auch in der erfolgreichsten Weise die Anschauung und bereitet bei den Schülern ein klares, objektives Denken allmählich vor, welches bald auch der Konstruktionslehre in den fremden Sprachen zu gute kommt, z. B. beim Cornel und Caesar, die sonst den Quartanern und Tertianern oft Schwierigkeiten bereiten, welche aber auf diesem Wege leicht zu überwinden sind.

Werden die Schüler nämlich angehalten, stets vom Hauptsatz und in demselben im Deutschen (und Französischen) vom Subjekt, im Lateinischen (und Griechischen) mit der Zeit vom Verbum (s. §. 17 Anm.) auszugehen und die übrigen Satzglieder in ihrer accidentiellen Bedeutung zu erfassen[2]), die Nebensätze richtig zu gruppieren u. s. w., so wird ihnen mit diesem Aufbau des Satzes das Ganze leicht übersichtlich und der

---

[1]) In ähnlicher Weise, wie auch schon die Anfänge der Satzlehre in der Vorschule praktisch durch Fragen entwickelt zu werden pflegen, z. B. „Wer thut (leidet) etwas?" — „Was thut oder leidet er?" — „Wann thut er es?" u. s. w. — Überhaupt ist es geeignet, in allen Teilen der deutschen Grammatik den in der Vorschule gewonnenen Anschauungen zunächst sich möglichst anzuschließen; auch in Erklärungen, wie z. B. Woran erkennt man ein Hauptwort? Antw.: ein Hauptwort erkennt man daran, daß man den Artikel davor setzen kann. — Woran ein Eigenschaftswort? Daß man es zu einem Hauptwort setzen kann, z. B. der „grüne" Baum. — Woran ein Zeitwort? Daß man „ich", „du", „er" u. s. w. vorsetzen (d. h. es konjugieren) kann.

[2]) Höchst wichtig ist dabei, nicht die Ergänzungen des Verbums im Gen. auch als Objekte zu bezeichnen. Dies verwirrt nur zu leicht die ganze Anschauung des Unterschieds der transitiven und intransitiven Verba, für die §. 11 I. A. und §. 26. IV. 3 festzuhalten ist. Zur Sache s. §. 18 Anm. 4 u. V. Anm. 1.

Inhalt klar gelegt. Bei allen extemporalen Übungen, namentlich beim Extemporieren aus einer fremden Sprache, wie auch bei den Präparationen auf die Schriftsteller, tritt die dadurch gewonnene Korrektheit und Gewandtheit in der Auffassung der Gedanken bald besonders fruchtbringend hervor.

Wird ferner der Schüler geübt, Attribute in den verschiedensten Satzformen[1]), desgl. Subjekte und Objekte ev. durch einen Substantivsatz auszudrücken und dergl. mehr, so fördert dies nicht bloß gleichzeitig die Gewandtheit im deutschen Ausdruck und kommt so dem eigenen Stil der Schüler mit der Zeit zu gut, sondern es überträgt sich auch umgekehrt auf die Auffassung von Konstruktionen der fremden Sprachen, z. B. von Relativsätzen oder Sätzen in der Konstruktion des Acc. mit dem Infinitiv im Lateinischen; und eine kurze Bemerkung genügt dann oft, um die Sache klar zu legen. Bis in die oberen Klassen trägt ein solches gleichmäßiges Verfahren seine Früchte, und bei gemeinsamen Grundanschauungen schafft eine Bemerkung leichtes Verständnis. Ein Satz wie Tac. Ann. I. c. 6 juxta periculoso ficta seu vera promeret wird ebenso wie ein ähnlicher, wo ein Relativsatz das Subjekt zum Abl. abs. eines Participiums wie audito hergiebt, leicht erkannt, wenn die Übung, die verschiedenen Satzglieder beim Übersetzen nach Umständen durch besondere Nebensätze auszudrücken, durch alle Klassen beim Unterricht festgehalten ist[2]).

Vorschläge in betreff der Verteilung des Lehrstoffes.

VI. Neben orthographischen Übungen (die auch in V. und zu Anfang in IV. fortzusetzen) der einfache Satz und die Redeteile mit besonderer Berücksichtigung der Präpositionen. — Erst

---

[1]) Z. B. in dem Satze Caesar reversus u. f. w. könnte letzteres Wort in fünf Formen wiedergegeben werden und zwar: 1) als Participium, 2) als adverbiale Bestimmung, 3) als Temporal-, 4) als Attributiv-, 5) als Hauptsatz.

[2]) Über die Methodik, welche sich für die oben angedeutete Anwendung der Satzlehre auch beim lateinischen Unterricht empfiehlt, vergl. des Verf. Buch „Der Organismus der Gymnasien in seiner praktischen Gestaltung. Berlin", bes. die Ausführungen unter V und IV. Auf einem Gymnasium wird die Konstruktionslehre überhaupt am besten im deutschen Unterricht zwar „klargelegt", aber im lateinischen „eingeübt", wie ja auch deshalb vorschriftsmäßig beide Lehrgegenstände (in den unteren Klassen) von demselben Lehrer erteilt werden sollen. Dadurch wird es möglich, die deutsche Grammatik in maßvoller Weise zu beschränken, und es genügt meist eine einmalige wöchentliche, „nur einen Teil einer Stunde" einnehmende Einübung der Satzlehre an Beispielen.

Subjekt, Prädikat, näh. Objekt[1]) und entf. Objekt, dann allmählich (im Anschluß an das Lateinische) „Attribut" und „Apposition" und zuletzt die Bezeichnung „adverbiale Bestimmung" im allgemeinen. Von §. 3 I. 1. 2. II. A. 1. 2. 3. B. 1. 2. Anm. 1 §. 4 das gesperrt Gedruckte. §. 6 — §. 12 (die Versregeln). — §. 17, § 18 Anf. (ohne Anm.).

V. Der zusammengesetzte Satz (namentlich die Hauptarten der adverbialen Bestimmungen) §. 18. Anmerkungen. Äußerer Unterschied vom Haupt- und Nebensatz. §. 19. II. Anm. 2. Die Lehre von der Interpunktion, besonders vom Komma. §. 5 I. II. III. V. Das Hauptsächlichste der starken und schwachen Deklination des Substantivs und Adjektivs, sowie der starken und schwachen Konjugation des Verbums. §. 7. 8. 11. I. u. II. zu Anfang (das übrige später nach Bedürfnis). Repetition des Pensums von VI.

IV. Die Satzverbindung in Bei- und Unterordnung. Die Hauptarten der Nebensätze (Temporalsätze u. s. w.). §. 19 I.—III. und §. 14 Anf. sowie S. 39. Repetition des Pensums der V. unter Hinzunahme (in betr. der Satzlehre) des Prädikat-Nominativs und -Accusativs, sowie des sogen. adverb. Accusativs, § 26 I. IV. Anm. B. u. C.

U. III. Die Eigentümlichkeiten der deutschen Kasuslehre (in Beispielen) §. 26, verbunden mit eingehender Durchnahme der Präpositionen §. 12. Repetition der Satzlehre an der Hand der Tabelle S. 39[1]).

O. III. 1. Sem. Die Hauptarten der Konjunktionen und besonders der Unterschied ähnlicher wie: nachdem, indem u. s. w. Das Allgemeinste von der Periode. §. 14 im Anschluß an §. 19 III C. §. 23 zu Anf. Repetitionen und Erweiterungen nach Bedürfnis S. 37. 39. — 2. Sem. Das Wichtigste der Prosodie an den im Leitfaden gegebenen Beispielen (Erweiterung bei der Lektüre).

U. II. in einem Sem. in einigen Stunden das Hauptsächlichste

---

[1]) Beim näheren Objekt wird zweckmäßig die Verwandlung des Satzes in eine entsprechende passive Form und damit der Unterschied zwischen transitiven und intransitiven Verben eingeübt (s. §. 11 A. u. III. 1).

[2]) Wenn in VI, V, und IV. nur das Großgedruckte zunächst zur Berücksichtigung kommt und zum Teil auswendig zu lernen ist, so ergiebt sich von U. III. an eine freiere Benutzung des weiteren Lehrstoffes (in der Form des Durchlesens, Erklärens u. s. w.) als geeignet. Gelegentlich dürfte auch auf die Benutzung des Sachregisters hingewiesen werden. — Neben den übrigen Pensen wird schließlich in der III., im Anschluß an das Lateinische (Caesar) zweckmäßig Anhang IV. „von der indirekten Rede" praktisch als Beispiel verwertet.

von den Redefiguren und von den Dichtungsarten, im anderen von der Moduslehre, den Temporibus, den üblichen Ellipsen und weitere Ausführung vom Periodenbau, §. 27—29, §. 23.

Was die Regeln über die Orthographie anbetrifft, so schließen sich dieselben dem auf den preußischen u. s. w. Lehranstalten offiziell eingeführten Regelbuch an. Nur sind dabei im allgemeinen dieselben Grenzen innegehalten worden, wie bei den ersten Auflagen. Ein „Leitfaden“ für den deutschen Unterricht auf höheren Lehranstalten setzt eben schon eine elementare Grundlage in der Rechtschreibung voraus, die nur teils befestigt, teils innerhalb des sich weitenden Anschauungs und Bildungskreises praktisch weiter entwickelt werden soll. Wenn dabei immer korrektes Sprechen und Lesen den phonetischen Teil der Orthographie tragen muß, so wird die Übung des Denkens an den Wortformen nach Abstammung und Bedeutung ebenso stets festgehalten werden müssen, und eine besondere Belehrung nur da nötig sein, wo der Schreibgebrauch eine Abweichung hervorgerufen. Dies gilt namentlich auch von den Fremdwörtern. — So kommt, wie bei der ganzen Weiterentwickelung der orthographischen Bildung, es auch bei einem solchen Leitfaden weniger auf ein Auswendiglernen oft ganz abseits liegender Einzelheiten an, als darauf, immer wieder und wieder auf die Hauptprinzipien und die Haupterscheinungen hinzuweisen, indem dann, bei stets wach erhaltener Aufmerksamkeit auf die Sache, der allseitige Ausbau derselben von der Zeit und der individuellen Entwickelung als etwas von selbst Erfolgendes erwartet werden kann.

Zur dreizehnten Auflage.

Hat gleich die nötig gewordene neue Auflage zu einer wiederholten Revision des Textes Veranlassung gegeben, so ist dabei doch stets berücksichtigt worden, daß auch die Benutzung älterer Auflagen neben dieser möglich bleibe. Vor allem sind deshalb die Seitenzahlen sowie die Paragraphenabteilungen unverändert geblieben; nur ist die Beispielsammlung für die Adverbialsätze, welche früher S. 85 angehängt war, jetzt an die ihr zukommende Stelle nach S. 37 und ebenso die Anm. zur indirekten Rede in den Text S. 83 an das Ende von Nr. 3 gerückt worden, wodurch von S. 37 an die Seitenzahlen gegen früher sich um eins erhöhen.

W. Schwartz.

§. 1.
Die Sprache.

Die Sprache ist der natürliche Ausdruck der Gedanken des Menschen vermittelst der Sprachwerkzeuge oder der Schrift.

§. 2.
Das Hochdeutsche.

Das Hochdeutsche ist die Sprache der heutigen gebildeten Deutschen, wie dieselbe durch Luthers Bibelübersetzung begründet und im Laufe der Zeiten, besonders durch Lessing, Schiller und Goethe, ausgebildet worden ist. Es ist vor allem die allgemeine Schriftsprache. Dieser Schriftsprache gegenüber heißen die Volkssprachen der verschiedenen Teile Deutschlands Dialekte; und zwar unterscheidet man namentlich das Oberdeutsche (in Süddeutschland) und das Platt- oder Niederdeutsche (in Norddeutschland), welche wieder in verschiedene Gruppen zerfallen.

Formlehre.

§. 3.
Orthographie.

Hauptregel. Für jeden Laut, welchen man bei richtiger und deutlicher Aussprache hört, ist das entsprechende Zeichen zu setzen.

Die Lautzeichen sind:

1. Die Vokale und zwar:
   A. Die einfachen: a, e, i (y), o, u, nebst den Umlauten ä, ö, ü.
   B. Die Doppellauter oder Diphthonge: au, ei (ai), eu, (äu).

2. Die Konsonanten und zwar:
   A. Die flüssigen (liquidae): l, m, n, r.
   B. Die stummen (mutae), nämlich:
      a. Die einfachen und zwar:

	(Mediae)	(Tenues)	(Spirantes)	(Aspiratae)
Die Kehllaute (gutturales)	g	k	h j	ch
Die Zungenlaute (linguales)	d	t	s (ß)	z, sch
Die Lippenlaute (labiales)	b	p	w	v, f, pf, (ph)

      b. Die Doppelkonsonanten qu, x, z, gesprochen kw, ks, ts.

Besondere Regeln.

I. Über die Wahl unter verschiedenen Buchstaben, welche denselben oder einen ähnlichen Laut bezeichnen.

In den meisten Fällen entscheidet die Abstammung (Etymologie), und es gelten im allgemeinen folgende Grundsätze:

1. Schwankt man, wie ein Wort am Ende zu schreiben (mit p oder b, mit k, g oder ch, mit t oder d, mit s, ß oder z), so verlängere man das Wort (dann tritt der dem Stamm angehörige Konsonant deutlicher hervor). Man schreibt Korb, weil man sagt: die Körbe; desgl. Krug (Krüge), Kranich (Kraniche); Hals (Hälse), Pelz (Pelze), Fuß (Füße). Ebenso heißt es gütig, weil man sagt: ein gütiger Gott; lieblich, da es heißt: lieblicher u. s. w.

2. Schwankt man, wie ein Wort in der Mitte zu schreiben, so berücksichtige man die Abstammung, wenn dieselbe als allgemein bekannt vorausgesetzt werden kann, und namentlich die Aussprache noch damit übereinstimmt. Man schreibt rächen, weil es mit Rache, schmähen, weil es mit Schmach zusammenhängt, weislich, wenn es von weise (klug), weißlich, wenn es von weiß (der Farbe) herkommt, ebenso: verwaist (elternlos), links, längs u. s. w.

Aber nicht immer ist die Abstammung leicht erkennbar; auch macht sich vielfach ein besonderer Sprach- resp. Schriftgebrauch geltend, der auch sonst allerhand Eigentümlichkeiten (v neben f, x neben ks u. s. w.) mit sich führt. Demgemäß stellt es sich im einzelnen, wie folgt:

A. In betreff der Vokale.

1. ä und äu weisen im allgemeinen auf ein a und au zurück, z. B. in Länder, Ärmel, läuft, räumen, gläubig und Häuser, — finden sich aber auch, ohne daß eine verwandte Form mit a oder au vorhanden ist oder nahe liegt, z. B. in: Ähre, jäten, räuspern, sträuben u. s. w. Umgekehrt schreibt man in manchen Wörtern e, obwohl ein verwandtes Wort mit a nicht fern liegt, z. B. behende, edel, Eltern, stets, überschwenglich, widerspenstig.

Anmerk. Man unterscheidet: Ähre (am Halm) und Ehre, Färse (junge Kuh) und Ferse (am Fuß), Lärche (Baum) und Lerche (Vogel); Wehr, Abwehr, sich wehren; währen (dauern), während, Währung; gewähren (gestatten), die Gewähr; bewähren (dartun, zu „wahr" gehörig) und bewehren (bewaff-

nen); bläuen (blau) und bleuen (schlagen); gräulich (grau) und
greulich (furchtbar).

2. **ai, ei.** — Mit **ai** schreibt man Bai, Hai, Hain, Kaiser,
Laich, Laie, Mai, Maid, Mais, maischen, Waid (Farbepflanze).
Sonst schreibt man **ei**, z. B. Eiche, eichen, Eichamt, Eichmaß,
Getreide, Heide (der und die), Ereignis.

3. **y** kommt nur in Fremdwörtern vor, wie: Analyse, Gymnasium, Myrte, Pyramide, Hyäne. — Gips, Silbe schreibt
man aber mit **i.**

B. In betreff der Konsonanten.

1. Ob **b** oder **p**; **d, t, dt**; **g** oder **ch**[1]); **s** oder **x** oder **chs**
zu schreiben ist, darüber entscheidet die **Ableitung** (und die oben
I. 1, 2 gegebenen Regeln).

Grab (graben), Lump (Lumpe)[2]).

Geld (Gelder), Schmied, Welt (Welten), Brot, Schwert,
gescheit; der Tod (tödlich, todkrank, todmüde. Todsünde), hingegen: tot (Adjektiv), der Tote (töten, Totschlag, Totengräber);
Landsknecht, Hochmut.

Sandte (senden), gewandt, verwandt, Verwandter, Gewandtheit[3]) u. s. w. (Aber Beredsamkeit, da dieses Wort nicht von
„beredt" abgeleitet.)

Flug (fliegen), ein Fluch (fluchen); Honig, König (Könige),
Pfennig, aber: Kranich, Teppich[4]); mächt-ig, wicht-ig; aber:
schreck-lich, allmäh-lich[5]);

Links hingegen längs, Häcksel (hacken), Klecks, klecksen[6]).

2. **f, v, ph, pf.** — Der gewöhnliche Buchstabe für den durch

---

[1]) g und j. — J steht nur zu Anfang des Wortes oder der Silbe
in Wörtern wie: Jahr, Jammer, Jehovah, Jerusalem, Joch, jagen, ja, jäh,
je, jeder, jung, jetzt, jodeln, jucken.

[2]) Sonst schreibt man mit b: Abt, Erbse, Herbst, hübsch, Krebs; mit
p Papst, Propst, Mops, Raps.

[3]) Man unterscheidet Stadt und Statt (davon: statt finden); seid (Verbum)
und seit (Präposition).

[4]) Teig (zum backen), Teich (Weiher), Zwerg (kleiner Mensch), zwerch
(quer), Zwerchfell.

[5]) Mit ig werden vor allem diejenigen Adjectiva und Adverbia geschrieben, deren Stammsilbe auf l ausgeht; eilig, heilig, gleichschenklig,
buckelig, adelig u. s. w. Unterscheide jährig und jährlich.

[6]) x wird gebraucht in Axt, Faxe, Hexe, Nix, Nixe und in vielen
Fremdwörtern wie in Exercitium, Excellenz. — chs in Achse, Achsel,
Buchsbaum, Büchse, Dachs, Deichsel, drechseln, Eidechse, Flachs, Flechse,
Fuchs, Lachs, Luchs, Ochse, sechs, Wachs, wachsen, wechseln, Wichse.

die drei ersten Zeichen ausgedrückten Laut ist s. „B" erscheint als Anlaut in: Vater, ver=, Vetter, Vieh, viel, vier, Vließ (Fell), Vogel, Volk, voll, von, vor, vorder (Adj.), zuvörderst, vorn und ihren Ableitungen. Man schreibt jedoch: fordern, fördern, Fülle, füllen, für. — Inlautend steht v nur in Frevel. — ph ist in deutschen Wörtern unberechtigt, also wohl: Phantasie, Philosophie, Pharao, Philipp u. s. w., aber Adolf, Rudolf, Westfalen. (Üblich ist jedoch Epheu.) — pf im Anlaut erscheint in Wörtern, die aus dem Lateinischen kommen: Pforte (porta), Pfund (pondo), Pfeffer (piper), Pfau (pavo), aber auch: pflücken, pfeifen, pfänden u. s. w.

s, ß, ss, z. Über den Unterschied des harten und weichen S-Lautes s. Preuß. Regelb. S. 8 f., § 12. Im allgemeinen steht s nur zu Anfang, z nur am Auslaut eines Wortes oder einer Silbe (z. B. sagen, vorsagen; aber: Hans, Häschen, deshalb)[1]); z nur nach einem langen Vokal (z. B. reißen, Grüße), nach einem kurzen nur am Auslaut eines Wortes oder einer Stammsilbe oder vor t, z. B. Haß, häßlich; du mußt; ihr haßt; ss steht überhaupt nur zwischen zwei Vokalen, s. weiter unten II. A. Anm. 1 u. 2.

Anmerk. 1. Zu unterscheiden ist: weiß (von der Farbe) und weise (klug); Geißel (Peitsche) und Geisel (Leibbürge); gleißen (glänzen), Gleisner, gleisnerisch; Nieswurz (niesen) und Nießbrauch (genießen); Vließ (Vließes, auch Vlies, Vlieses = Fell), Fließ (Bach), die Fliese (Steinplatte); das (Artikel und Pronomen), daß (Konjunktion). — Die Ableitungssilbe —nis schreibt man mit z, z. B. Zeugnis.

Anmerk. 2. In lateinischer Schrift schreibt man ss für ß: weiss, süss, schiessen, er lässt, er hasst etc.; ss für ss: lassen, essen, wissen etc.

II. Bezeichnung der Kürze oder Länge eines Vokals durch die Schrift.

A. Bezeichnung der Kürze des Vokals.

Nach einem kurzen Vokal wird in Stammsilben in der Regel ein folgender Konsonant doppelt geschrieben, wenn nicht noch ein anderer Konsonant folgt, z. B. Fall, aber Schaft. Die Verdoppelung von k ist ck, von z — tz, z. B. Glück, Witz[2]). Die Konsonanten ch und sch werden aber nie verdoppelt.

---

[1]) Vor t und vor einem zu einer Stammsilbe gehörenden p erscheint aber s, z. B. Liste, ebenso: er liest, ferner: Knospe, Wespe, Espe.
[2]) tz kann also nie nach einem Diphthong oder Konsonanten stehen, z. B. Kreuz nicht Kreutz, Herz nicht Hertz.

Aber auch, wenn zwei verschiedene Konsonanten auf einen kurzen Vokal folgen, wird der erste doppelt geschrieben, wenn dies schon im Stamme des Wortes geschieht, z. B. er harrt (3. Perf. Präf. von harren), aber hart (Adjektiv); nackt, weil nackend; jetzt, weil jetzo; Hemmnis, weil hemmen, ebenso Branntwein[1]).

Anmerk. 1. Die Verdoppelung von ß ist ff, doch steht ff nur, wenn nicht bloß ein kurzer Vokal vorhergeht, sondern auch noch ein Vokal folgt; also naß, aber Nässe; ich muß, du mußt, aber müssen, ebenso possierlich.

Anmerk. 2. Betonte Nachsilben erfahren die Verdoppelung des Endkonsonanten nur, wenn durch die Flexion noch ein Vokal nachfolgt, z. B. Königin, Wagnis, Iltis, Globus, aber Königinnen, Wagnisse (auch Dat. Sing.), Iltisse, Globusse.

Anmerk. 3. Das Zusammentreffen dreier gleicher Konsonanten in der Zusammensetzung vermeidet man in der Schrift und schreibt den betr. Konsonanten nur zweimal, z. B. dennoch, Schiffahrt, Mittag; ebenso selbständig. Nur vereinzelt, in weniger gebräuchlichen Wörtern, weicht man davon ab: z. B. Schnelläufer, Betttuch, Stillleben, Guckkasten, auch in Rückkehr.

B. Bezeichnung der Länge des Vokals.

Die Länge des Vokals bleibt in vielen Wörtern unbezeichnet, z. B. kam, Kram, schwer, schon, Blut, öde, spülen; in vielen anderen aber wird sie durch die Schrift angedeutet.

1) Die Länge des a, e, o bezeichnet man meist durch Verdoppelung des Vokals oder durch ein eingeschobenes h, z. B. Haar, Hahn, Heer, sehr, Mohr, hingegen Moor (ein Sumpf)[2]).

2) Die Länge des u und der Umlaute ä, ö, ü bezeichnet man nur durch ein eingeschobenes h, z. B. Ruhm, die Uhr, (hingegen der Ur), Hähne, Söhne, Sühne:

Anmerk. 1. Ist in der Silbe, in welcher die Länge des Vokals durch ein h bezeichnet wird, ein t ent-

---

[1]) Samt, sämtlich schreibt man aber nur mit einem m; auch in den Wörtern Sammet, Zimmet, Taffet, Zwillich, Grummet giebt man mit dem Vokale der Endsilbe die Verdoppelung auf und schreibt Samt, Zimt, Taft, Zwilch, Grumt.

[2]) Ähnlich unterscheidet man: Heer (Kriegsvolk); hehr (heilig), her (Adv.); hohl (ausgehöhlt), holen (herbeirufen); mahlen (auf der Mühle), malen (mit dem Pinsel), Mahl (Gastmahl, Mahlzeit, Abendmahl), Mal (Zeichen), Denkmal, einmal u. s. w. Mähre (Pferd), Märe (Märchen), Meer, mehr, leeren (leer machen), lehren (unterrichten); Wehr, Mühlenwehr, Landwehr und Wergeld, Werwolf; Sohle (Fußsohle) und Sole (Salz); der Aar (Vogel) und Ar (Flächenmaß); Thon (des Töpfers), und Ton (Laut). — Ohne Zeichen der Länge schreibt man übrigens jetzt: Schere, Herd, Herde, Los, Maß, quer, Pflugschar, Schoß, selig, Star, Wage, Ware, bar, Barschaft.

halten, so tritt das h nicht hinter den betreffenden Vokal, sondern hinter das t, z. B. Thal, Thor, Thron, Thräne, thun, That, Unterthan, Thüre[1]). In Wörtern aber wie Draht, Fahrt, Naht geschieht dies nicht, da das h dem Stamm angehört (drehen, fahren u. s. w.) und das t Bildungselement ist.

Anmerk. 2. Kein Dehnungszeichen ist h in Wörtern wie: brühen, drohen, fähig, fliehen, froh, frühe, glühen, Höhe, hoher (hoch), bejahen, krähen, Lehne (belehnen), rauh, Reh (Ricke), roh, ruhen, geschehen (Geschichte), schmähen (Schmach), sehen (Gesicht), Stroh, Truhe, Vieh, Weh, Weihe, zähe, Zehe, zehen, (zehn), zeihen (bezichtigen), ziehen (Zucht).

Anmerk. 3. Vor der Ableitungssilbe heit fällt ein vorangehendes h aus, z. B. Roheit, Rauheit, Hoheit.

3) Die Länge des i bezeichnet man meist durch ein eingeschobenes e, z. B. in hier, Liebe, Sieg, desgl. in den Infinitiven auf ieren und ihren Ableitungen, wie in regieren, probieren, studieren, hantieren, Hantierung[2]). Nur in den Fürwörtern ihm, ihr, ihnen u. s. w. tritt ein h ein; wider ist die Präposition, wieder das Umstandswort (also anwidern, widerlich, Widerspruch; hingegen wiederbringen, Wiederhall, wiedersehen; übrigens nur „erwidern" = antworten).

III. Von den Fremdwörtern.

Eigennamen und Fremdwörter behalten im allgemeinen die ihnen in der fremden Sprache

---

[1]) In Silben, die schon durch zusammengesetzte Vokale als lang deutlich sind, läßt man das h hinter dem t fort: Tier, Teil, Urteil, Vorteil, verteidigen, Teer, teuer, Tau; desgl. schreibt man die Endsilben ·tum und ·tüm ohne h, z. B. Eigentum, Ungetüm. Ebenso läßt man im Auslaut das h weg, also: Glut, Flut, Lot, Mut, Armut, Not (nötigen), Rat, (Rätsel), rot, (Röte), Wert, wert, Wut, Atem, Heirat, Heimat, Gerät; desgl. in Blüte, Miete, Pate, Rute. Wirt und Turm sind auch ohne h zu schreiben, zumal der Vokal kurz ist.

[2]) In Fremdwörtern bleibt die Länge des i sonst meist unbezeichnet, z. B. in Bibel, Fibel, Kamin, Maschine, Tiger. Jedoch völlig eingebürgerte Fremdwörter erhalten ein e, z. B. Paradies, Priester, Radieschen, Siegel, Spiegel, Tiegel, Ziegel. Ebenso werden die aus dem Französischen entlehnten Endungen ie und ier mit e geschrieben z. B. Artillerie, Monarchie, Barbier, Quartier, Manier.

eigentümliche Schreibung¹). Haben sich dieselben jedoch vollständig im Deutschen eingebürgert, was sich besonders daran erkennen läßt, daß sie die der fremden Sprache eigentümliche Endung abgestreift haben, so werden sie nach der deutschen Orthographie geschrieben. Man schreibt also Philipp, Matthäus, Shakespeare, Newton, Charakter (χαραχτήρ), Chaussee (chaussée), Postillon, Bataillon, Chaise, Plateau u. s. w., aber Turnier, weil man nicht mehr an das französische tourner dabei denkt, Adjektiv (aber Adjectiva), desgl. Kasse, Klasse, Krone, Kur, Sekretär, kurieren u. s. w.

Im einzelnen ist besonders hervorzuheben:

1) das ph in Wörtern, die aus dem Griechischen stammen, z. B. in Philipp, Apostroph, Prophet, Philosoph, Autograph, Biographie, während es in deutschen Wörtern unberechtigt ist, s. S. 4.

2) desgl. das th in Thron, Thema, These, Theorie, Anthologie, Äther, Bibliothek, Ethik, Hypothese, Katheder, Kathete, (aber Hypotenuse) Methode u. a.

3) k speciell erscheint in allen ursprünglich griechischen Wörtern, wie Akademie, Diakon, Dialekt, elektrisch, praktisch, desgl. in denen auf — ik, wie Arithmetik, Physik; dann statt des lateinischen c in solchen, welche völlig eingebürgert sind und das Aussehen deutscher Wörter angenommen haben, wie in: Küster, Akt, Pakt, Punkt, desgl. in den Vorsilben Ko=, Kol=, Kom=, Kon=, Kor=²) (s. Wörterverzeichnis), so wie in der Endung kt z. B. Edikt, abstrakt, Subjekt.

Anmerk. C bleibt jedoch im Anschluß an das Lateinische vor i, u, e, wo auch ein z eintreten kann, z. B. Cirkular (und Zirkular), cirkulieren (und zirkulieren), Civil (und Zivil), Deficit (und Defizit), Particip, präcis, social, specifisch, Centner, Censur (und Zensur), cernieren, certieren, December (und Dezember); ebenso in Cäsar, Cölibat, Pharmaceut, desgl. im Anschluß an das Französische in: Compagnie, Campagne, Redacteur u. s. w.

---

¹) Teilweise wird auch die Sprache berücksichtigt, die uns die Wörter vermittelt. Namentlich gilt dies in betreff vieler aus dem Griechischen stammenden, aber durch das Lateinische vermittelten Wörter und Eigennamen. So schreibt man Scepter, weil man an sceptrum, nicht an σκῆπτρον denkt; so Sophocles, nicht Sophokles u. s. w.; auch Ajax, nicht Aias.

²) Man vermeide die Bezeichnung des K=Lautes durch verschiedene Zeichen innerhalb desselben Wortes, also korrekt, konkret, Konjunktur, Konjunktion, Konjunktiv (aber Conjunctivus).

IV. In betreff der großen Anfangsbuchstaben.

Mit einem großen Anfangsbuchstaben schreibt man:

1. das erste Wort jedes alleinstehenden Satzes, resp. jeder Satzverbindung. Es steht also ein großer Anfangsbuchstabe zu Anfang eines Schriftstückes, sowie nach einem Punkt, Frage- und Ausrufungszeichen[1]), desgl. zu Anfang einer direkten Rede und einer Verszeile;

2. alle Substantiva. Doch schreibt man auch Substantiva klein, wenn sie die Bedeutung anderer Wortarten annehmen und verwendet sind:

a) als Präpositionen, z. B. kraft, laut, mittels, angesichts; b) als Konjunktionen, z. B. falls; c) als unbestimmte Pronomina, z. B. ein bißchen Brot, ein paar Bücher; d) als Adverbia, z. B. anfangs, vielmals, teils, morgens, abends, vormittags (aber des Abends, des Morgens), ebenso in Wendungen wie: in betreff, aber in Bezug, in Hinsicht auf u. s. w.; e) in manchen Verbindungen, z. B. leid thun, weh thun; schuld sein; mir ist angst, wohl u. s. w.; statt finden, statt haben, wahr nehmen; haus halten; teil nehmen, aber: er hat keinen Teil an mir, er thut sich ein Leid an.

3. die übrigen Wortarten, wenn sie als Substantiva gebraucht werden, z. B.: Das Fahren ist hier verboten; jedem das Seine; das Wenn und Aber.[2])

4. die Adjectiva und Ordnungszahlen, welche mit dem Artikel hinter einem Eigennamen stehen und gleichsam einen Teil des Eigennamens ausmachen, z. B.: Friedrich der Große, Friedrich der Zweite.

5. die Adjectiva und Pronomina in Titeln, z. B. Seine Majestät; das Königliche Zollamt; desgl. in stehenden Beiwörtern: der Große Kurfürst, die Kölnische Zeitung, „An die Preußische Regierung".

---

[1]) Nach einem Frage- und Ausrufungszeichen wird das nächste Wort aber nicht mit einem großen Anfangsbuchstaben geschrieben, wenn das Folgende eine notwendige Ergänzung des Vorangehenden ist, so daß erst mit ihm der Gedanke (also auch das Satzganze) abschließt, z. B.: „Was wolltest Du mit dem Dolche? sprich!" — „Er lebt! er ist da! es behielt ihn nicht".

[2]) Klein werden aber jetzt geschrieben die Pronomina und Zahlwörter wie: man, jemand, niemand, der eine, der andere, etliche, die übrigen, das übrige, das meiste, der erste, letzte, nächste u. s. w. Desgl. auch die Adjectiva und Adverbia in Verbindungen wie: groß und klein, arm und reich, zum letzten, des weiteren, im ganzen, von neuem, bei weitem; hingegen in Verbindung mit Quantitätsbestimmungen: nichts Gutes, etwas Neues, alles Neue.

6. Die **Pronomina**, welche sich auf die **angeredete** Person beziehen, namentlich in **Briefen**.

7. Die von **Ortsnamen** gebildeten Adjectiva auf „er", z. B. das **Breslauer** Rathaus; der **Kölner** Dom; **Berliner** Blau; die **Leipziger** Messe; desgl. die von **Personennamen** abgeleiteten Adjectiva auf isch, z. B. die **Grimmschen** Märchen[1]).

§. 4.

Von der Abteilung und der Abkürzung der Wörter und dem Apostroph.

I. In betreff der Abteilung der Wörter.

Bei der Abteilung der Wörter am Ende einer Zeile sind folgende Regeln zu beachten:

1. Man trennt die Wörter nach **Sprechsilben**, d. h. so wie sie sich beim langsamen Sprechen von selbst zerlegen. Demgemäß gehört a) **ein Konsonant zwischen zwei Vokalen zur folgenden Silbe**, z. B. Gru-be, schrei-ben u. s. w. — b) Beim Zusammentreten **zweier oder mehrerer Konsonanten geht aber nur der letzte zur folgenden Silbe**, z. B. Ham-mer, los-ten, klop-fen, krat-zen, hak-ken (ck wird nämlich in kk aufgelöst).

Anmerk. Die Konsonanten ch, sch, ph und th betrachtet man meist als **einen** Buchstaben, desgl. dt und die Doppelkonsonanten x und z, sowie pf nach vorangehendem r und m, z. B. Sa-che, Pro-phet, Stä-dte, He-xe, rei-zen, Kar-pfen, däm-pfen.

2. **Zusammengesetzte**, namentlich auch mit bestimmten **Vor- oder Nachsilben gebildete Wörter werden ihrer Bildung gemäß getrennt**, z. B. hin-aus, her-aus, dar-an, dar-auf. Erb-recht, er-brechen, voll-enden, Inter-esse, Atmo-sphäre, Mikro-stop, Di-stinktion (di-stinguo), Di-stichon; aber dis-putieren (dis-putare), Dis-pens.

II. Über den Bindestrich.

1. Wird ein zu mehreren auf einander folgenden Compositis gehörendes Wortglied **nur einmal** gesetzt, so tritt an den übrigen Stellen statt seiner der Bindestrich ein, z. B. Feld-

---

[1]) Haben die Adjectiva aber eine **generelle** Bedeutung, so daß man nicht für sie den betreffenden Eigennamen im Genetiv oder mit einer Präposition (z. B. von) setzen kann, so werden sie klein geschrieben, z. B. die lutherische Kirche, homerisches Gelächter. Ebenso werden die von **Volks-** oder **Ortsnamen** abgeleiteten Adjectiva wie: preußisch, kölnisch u. s. w. klein geschrieben; s. aber S. 8 Nr. 5.

und Gartenfrüchte. 2. Der Bindestrich tritt außerdem ein: a) in der Zusammensetzung von Eigennamen und in Adjektiven, welche von solchen gebildet sind; z. B. Jung-Stilling, Reuß-Greiz, niederschlesisch-märkische Eisenbahn; b) in nicht leicht übersichtlichen Zusammensetzungen, z. B. Oberlandesgerichts-Präsident; Staatsschuldentilgungs-Kommission; das Für-sich-selbst-sein.

III. Von der Abkürzung der Wörter oder den Abbreviaturen.

Aus Zeit- und Raumersparnis schreibt man viele sehr bekannte Wörter nur mit dem ersten oder mit einigen der ersten Buchstaben, insofern keine Unbestimmtheit dadurch entstehen kann. Zunächst gilt dies von Vornamen wie K. = Karl, Jul. = Julius, Joh. = Johannes, wozu dann Abkürzungen wie Ew. für Euer u. dergl. kommen. Ja in stehenden Wendungen werden auch mehrere Wörter abgekürzt, so schreibt man v. J. = vorigen Jahres, i. J. = im Jahre, z. B. = zum Beispiel, d. h. = das heißt u. s. w.

Anmerk. 1. Eine derartige Abkürzung darf nicht mit einem Vokal endigen, also nicht Constantino., Nibe. (für Nibelungen), sondern Konstantinop., Nibel. oder auch Nib.

Anmerk. 2. Bei manchen Abbreviaturen hebt man nur die vorzüglichsten Konsonanten des Wortes hervor, z. B.: Hr. = Herr; Dr. = Doktor; St. = Sankt; Sr. = Seiner; ahd. = althochdeutsch; mhd. = mittelhochdeutsch u. dergl. mehr.

Anmerk. 3. Am Schluß jedes abgekürzten Wortes muß ein Punkt stehen: den 6. Jan. — Matth. 9, 10. — Heinrich IV.

IV. Vom Apostroph.

Der Apostroph tritt ein, wenn ein Laut wie e oder i des Wohlklangs oder Versmaßes wegen ausgelassen wird[1]); namentlich darf er nicht fehlen, wo sonst Undeutlichkeit entstände. In Prosa ist er besonders üblich, wo das Pron. es seinen Vokal verliert, z. B. Wie geht's? — [Bei Verbindung von Präpositionen mit dem Artikel schreibt man ohne Apostroph: ans, ins[2])].

---

[1]) z. B. „Sich an vaterländ'scher Sonn' erwärmend." Rückert.

[2]) Bei Eigennamen ist es nicht erforderlich, das s des Genetivs durch einen Apostroph abzutrennen, z. B. Ciceros Briefe, Schillers Gedichte. Hat hingegen der betr. Eigenname selbst ein s im Auslaut, so tritt statt des s der Genetiv-Endung der Apostroph ein: Demosthenes' Reden.

§. 5.
Von der Interpunktion.

I. Der Punkt schließt einen selbständigen Haupt-satz oder eine Satzverbindung ab, bezeichnet also eine größere Pause in der Rede, wo der Gedanke einen gewissen Abschluß erreicht.

II. Ausrufungs- und Fragezeichen bezeichnen den In-halt eines Satzes als einen Ausruf oder eine Frage, jedoch steht das Fragezeichen nur bei einer direkten (unabhängigen) Frage[1]).

III. Ein Kolon setzt man vor einer direkten (un-abhängigen) Rede, falls dieselbe durch ein Verbum des Sagens eingeleitet ist; dann auch vor Anführungen oder erklärenden Sätzen[2]), sowie in einer Periode, um zu be-zeichnen, wo der Nachsatz beginnt.

IV. Ein Semikolon ist gleichsam ein verstärktes Komma und wird gebraucht, wenn einzelne Sätze einer größeren Satzverbindung als näher zu einander gehörig bezeichnet und von den übrigen gesondert werden sollen. (Beispiele bietet oben Nr. III, dann §. 4. III und die Anmerk. zu §. 6.)

V. Das Komma trennt[3]):

1. zwei oder mehrere gleichartige Satzglieder, welche durch Konjunktionen (wie „und", „oder") ver-bunden sein könnten, es aber nicht sind, z. B. Alles rennet, rettet, flüchtet; hingegen: Alles rennet und rettet und flüchtet;

2. die Apposition mit ihren etwaigen Attributen, z. B. Alexander, der Sohn des Philipp, eroberte fast ganz Asien. s. die beiden Anm. zu S. 32.

3. den Vokativ, z. B. schreibe mir, Freund, baldigst;

4. die Interjektion; jedoch wird das „o" vor dem Vokativ oder Imperativ nicht durch ein Komma

---

[1]) Demgemäß ist es falsch, wenn man in Zeitungen häufig liest: „Eine Wohnung ist zu vermieten. Wo? sagt die Expedition"; es muß heißen: „Wo, sagt die Expedition"; denn vervollständigt heißt es: Wo dies sei, sagt die Ex-pedition. — Ist übrigens mit einer direkten Frage ein Nebensatz verbunden, so tritt das Fragezeichen an das Ende desselben, z. B. Ist keiner, der sich hinunter waget? Schiller.

[2]) z. B. Die Römer waren den Galliern überlegen: diese kämpften un-geordnet und ohne Führer, jene waren wohldiscipliniert und hatten kriegs-kundige Führer.

[3]) Zu Beispielen ist besonders das Lesestück des Anhangs „Walther von Thurn" und der Anfang des folgenden geeignet.

getrennt, z. B. Weh, was muß ich hören! aber:
O traue nicht dem falschen Glücke;

5. die Sätze innerhalb einer Satzverbindung, s. §. 19, z. B.
Hannibal hielt das Versprechen, welches er seinem Vater als
neunjähriger Knabe gegeben hatte, bis zu seinem Lebensende. —
Hannibal schwor seinem Vater, und er hielt sein Wort.

Anmerk. 1) Daß im zusammengezogenen Satz (s. über dens. § 20)
kein Komma steht, ergiebt sich schon aus Nr. 1. Wie dort in dem Satze:
„Alles rennet und rettet und flüchtet" kein Komma steht, so auch nicht
in folgenden: Der König und die Königin ist (sind) abgereist; —
Als der König abgereist und die Königin erkrankt war, u. s. w.

2) Vor dem Infinitiv mit zu steht nur dann ein Komma, wenn
noch andere Wörter zu ihm gehören und der verkürzte Satz so durch seine
Länge an Selbständigkeit zu gewinnen scheint, z. B. „ich verlange zu
trinken" aber: „ich verlange, ihn zu sehen". (s. §. 11. III, 10 u. §. 22.)

§. 6.
Von den Redeteilen.

Die Redeteile zerfallen in veränderliche (flektierbare) und
unveränderliche (unflektierbare). Die veränderlichen sind:

1. Substantiva oder Hauptwörter, z. B. Tisch [1]),
2. Adjectiva oder Eigenschaftswörter, z. B. rund,
3. Numeralia oder Zahlwörter, z. B. vier,
4. Pronomina oder Fürwörter, z. B. ich, du, er, dieser,
   welcher [2]),
5. Verba oder Zeitwörter, z. B. schreiben.

Die unveränderlichen hingegen sind:

1. Adverbia oder Umstandswörter, z. B. heute,
2. Präpositionen oder Verhältniswörter, z. B. an, auf,
3. Interjektionen oder Empfindungswörter, z. B. weh! ach!
4. Konjunktionen oder Bindewörter, z. B. und, daß,
   weil [3]).

---

[1]) Die Substantiva teilt man in concreta und abstracta; die concreta
bezeichnen etwas, das mit den Sinnen wahrgenommen, die abstracta
hingegen etwas, das nur gedacht werden kann. Die Substantiva concreta
zerfallen: 1. in Nomina propria oder Eigennamen, wie Berlin, Schiller;
2. in appellativa oder Gattungsnamen, wie Mensch, Hund, Stadt; 3. in
collectiva oder Sammelnamen, wie Volk, Herde; 4. in materialia oder Stoff-
namen, wie Gold und Silber.

[2]) An die Pronomina schließt sich der Artikel oder das Geschlechtswort
„der, die, das". Diesem „bestimmten" Artikel tritt dann der unbestimmte
„ein, eine, ein" gegenüber, s. § 25.

[3]) Die unveränderlichen Redeteile (namentlich die kleineren Adverbien)
bezeichnet man auch mit dem Namen Partikeln (Redeteilchen).

§. 7.
Von der Deklination des Substantivs.

I. Die starke und schwache Deklination.

Man unterscheidet beim Substantiv eine starke und eine schwache Deklination. Die starke Deklination hat im Gen. Sing. **es** oder **s**, im Dat. **e**, im Nom. Plur. **e** oder **er**, im Dat. Plur. **en** oder **ern**; die schwache Deklination hat in allen Kasus mit Ausnahme des Nom. Sing. die Endung **en**.

Im einzelnen vollzieht sich die Deklination nach folgenden Beispielen:

Singular.

	starke					schwache
Nom.	Tisch	Sohn	Kind	Mann	Haus	Mensch
Gen.	— es	— es	— es	— es	— (f) es	— en
Dat.	— e	— e	— e	— e	— e	— en
Acc.	—	—	—	—	—	— en

Plural.

	Mit Umlaut.		Desgl. (f. §. 3. 1).			
Nom.	Tische	Söhne	Kinder	Männer	Häuser	Menschen
Gen.	— e	— e	— er	— er	— er	— en
Dat.	— en	— en	— ern	— ern	— ern	— en
Acc.	— e	— e	— er	— er	— er	— en

Anmerk. 1. Die Wörter weiblichen Geschlechts bleiben im Singularis unverändert, und erst im Pluralis tritt hervor, ob sie nach der starken oder nach der schwachen Deklination gehen. So geht Frau nach der schwachen Deklination, weil es im Nom. Plur. die Frauen hat, Nacht hingegen nach der starken, weil es den Nom. Plur. die Nächte bildet.

Anmerk. 2. Einzelne Wörter zeigen eine gemischte Deklination, indem sie im Sing. stark, im Plur. schwach deklinieren, z. B. der Staat, des Staates, dem Staate, aber die Staaten[1]), das Auge, des Auges, aber die Augen.

Anmerk. 3. Die Substantiva auf **el, em, en, er, chen** und **lein**, die nach der starken Deklination gehen, stoßen durchgehends das e der Flexionsilbe ab. So hat Esel: des Esels,

---

[1]) Ähnlich werden auch bes. aus dem Lateinischen stammende Wörter, wie Rektor, Inspektor u. s. w., im Gen. Sing. stark, im Plur. schwach dekliniert, z. B. des „Rektors", aber die „Rektoren". f. weiter unten II. Anm. 3.

dem Esel; Atem: des Atems, dem Atem; Mädchen: des Mädchens, dem Mädchen; Garten: des Gartens, dem Garten; Ritter: des Ritters, dem Ritter; Vater: des Vaters, dem Vater u. s. w.; dem entsprechen dann die Nom. Plur.: die Esel, die Mädchen, die Ritter, und mit hinzukommendem Umlaut: die Väter, die Gärten u. s. w. Ebenso werfen die zwei- und mehrsilbigen Wörter, deren letzte Silbe nicht den vollen Ton hat, das e im Gen. und Dat. Sing. ab, z. B. des Königs, des Monats, dem Monat; des Einfalls (aber des Falles), des Eingangs (aber des Ganges), des Montags (aber des Tages) u. s. w. Im Dativ bleibt auch sonst, wenn vor demselben kein Artikel oder Bestimmungswort steht, das Flexions = "e" weg, z. B. „mit Gott", „mit Fleiß", aber „mit großem" Fleiße.

Anmerk. 4. Die Wörter: Buchstabe, Fels, Friede, Funke, Gedanke, Glaube, Haufe, Herz, Name, Same, Schade und Wille haben im Gen. die Endung — ens, während sie in den übrigen Casus die Endung — en zeigen, also nach der schwachen Deklination gehen. Es kommen nämlich von den meisten dieser Wörter Nebenformen des Nom. mit der Endung en vor, so sagte man neben Fels — Felsen, neben Friede — Frieden u. s. w. und von diesen Nebenformen auf en ist dann jener Gen. nach der starken Deklination mit der Endung — s gebildet worden und lautet so auf ens aus.

Anmerk. 5. Die Endung s für die Bezeichnung des Plurals ist dem Hochdeutschen ursprünglich fremd; falsch ist demnach: die Mädchens, Jungens u. s. w. Doch hat sie sich namentlich bei Fremdwörtern ziemlich eingebürgert, z. B. die Lords, Chefs, Banquiers. Ebenso sagt man auch: die Uhus, Schuhus u. a., desgl. in Eigennamen: die beiden Stolbergs u. s. w.

Anmerk. 6. Verschiedenes Geschlecht und verschiedene Formation des Plurals (auch des Gen. Sing.) bedingen bei Wörtern auch verschiedene Bedeutung.

Der Band — die Bände (eines Buches); das Band — die Bande (der Freundschaft), die Bänder (von Seide); die Bande (turba) — die Banden;

die Bank; die Bänke (zum Sitzen), die Banken (Wechseltische);

der und das Bauer (cavea), Gen. des Bauers, Plur. die Bauer; der Bauer (agricola), Gen. des Bauers und des Bauern, Plur. die Bauern;

der Erbe, des Erben; das Erbe, des Erbes;

das Gesicht — die Gesichter (vultus), die Gesichte (Erscheinungen);

der Laden — die Läden oder Laden (des Fensters); die Läden (Buden); die Lade (Kasten), die Laden;

das Licht — die Lichter (die Lichte = Kerzen);

der Ort — die Orte und die Örter;

das Rohr — die Rohre; die Röhre — die Röhren;

die Sau — die Säue und die Sauen (namentlich wilde);

der See — die Seeen (Binnenseeen), die See (das Meer);

das Schild — die Schilder (zum Aushängen), der Schild — die Schilde (scuta);

der Stift — die Stifte (zum Schreiben), das Stift — die Stifter (Fräuleinstifter);

das Thor — die Thore, der Thor — die Thoren;

der Tropf — die Tröpfe, der Tropfen — die Tropfen;

das Tuch — die Tücher (Halstücher), die Tuche (verschiedene Wollenwaren);

das Wort — die Worte (zusammenhängende), die Wörter (einzelne);

der Zoll — die Zolle (eines Fußes), die Zölle (Abgaben).

II. Die Deklination der Eigennamen und Fremdwörter.

Die Eigennamen gehen nach folgenden Paradigmen, flektieren aber oft nur im Gen. Sing. und im Pluralis:

Singular.		Singular.	
Nom. Wilhelm		Brunhild	
Gen.	— s	—	s
Dat.	— (en)	—	(en)
Acc.	— (en)	—	(en)
Plural.		Plural.	
Nom. Wilhelm	— e	Brunhild	— en
Gen.	— e	—	en
Dat.	— en	—	en
Acc.	— en	—	en

Anmerk. 1. Anomal wird der Plural mehrerer Eigennamen gebildet, so haben z. B. die auf o im Plural die Endung one oder onen, so bildet Otto den Plural: die Ottone oder die Ottonen, Pharao, die Pharaonen u. s. w. Feminina wie Maria, Bertha, Hedwig haben im Gen. Sing. s, z. B. Marias, Berthas u. s. w., die auf e (Marie) ens, z. B. Mariens, Mathildens. Auch Masc. auf s, ß, z, sch oder x haben ens, z. B. Vossens Luise, Maxens u. s. w. Überhaupt spielt bei der Deklination der Eigennamen der Wohllaut eine große Rolle, namentlich vermeidet man den Umlaut, also z. B. nicht die Berträme, sondern die Bertrame s. auch oben Anm. 5.

Anmerk. 2. In betreff der Eigennamen gilt auch folgendes: Steht vor dem Eigennamen noch ein Titel ohne Artikel, so wird bloß der Eigenname dekliniert, z. B. Kaiser Heinrichs Waffen; steht aber ein Artikel davor, so wird nur der Titel und nicht der Eigenname dekliniert, z. B. des Kaisers Heinrich Waffen. Ebenso sagt man: der Sohn Heinrichs, hingegen der Sohn des Heinrich; Brunhilds Sohn, aber der Sohn der Brunhild.

Anmerk. 3. Was die Fremdwörter und namentlich auch die Eigennamen aus dem Lateinischen anbetrifft, so können sie meist verkürzt werden, wenn sie nach erfolgter Kürzung mindestens noch zweisilbig bleiben, nie, wenn sie einsilbig werden, mit Ausnahme von Sankt (für sanctus). Falsch ist demnach Verb., Plin., Curt. für Verbum, Plinius, Curtius, — richtig Horaz u. s. w. Die auf — es und — is sich endigenden wie Osiris, Aristoteles werden aber meist nicht verkürzt, nur vereinzelt findet sich Euklid.

Im übrigen haben die Fremdwörter durchschnittlich im Sing. und Plur. dieselbe Form; nur wenn sie gleichsam schon als im Deutschen eingebürgert angesehen werden und der Wohllaut es gestattet, werden sie dekliniert. So bildet Natur — die Naturen (vergl. oben S. 13 Anmerk.). Bei den Wörtern auf — ium aber geht diese Endung im Plural in — ien über, also das Gymnasium — die Gymnasien, die Seminarien; ähnlich die Kapitalien, Mobilien, Naturalien u. s. w. Früher deklinierte man auch die lateinischen Fremdwörter; jetzt braucht man nur noch bei einzelnen für alle Casus des Plur. den lat. Nom. Plur., z. B. die Facta, die Themata (Themas), die Kommata (Kommas). Stehend dekliniert man aber Jesus Christus, Gen. Jesu Christi, Dat. Jesu Christo, Acc. Jesum Christum, Voc. Jesu Christe.

§. 8.
Vom Adjektiv.
I. Von der Deklination des Eigenschaftsworts.

Die Adjectiva werden im Deutschen nur dekliniert, wenn sie mit einem Substantiv verbunden sind und vor demselben (b. h. attributivisch) stehen, z. B. „ein ehrlicher und offener Mensch"; hingegen nicht, wenn sie demselben (prädikativisch) nachgesetzt werden, z. B. „ein Mensch, ehrlich und offen".

Es giebt hiernach von jedem Eigenschaftswort eine starke und eine schwache Deklination, und zwar gilt darüber folgendes:

1. Wenn dem Eigenschaftswort nicht der bestimmte Artikel vorangeht, auch nicht ein Pronomen, welches die Endung des bestimmten Artikels hat, wie dieser, jener, mancher u. a., so nimmt das Eigenschaftswort selbst jene Endung an und zwar in der Form, wie sie in „dieser, diese, dieses" u. s. w. hervortritt. Dies ist die starke Deklination, z. B. „mit guter Nachricht, mit gutem Gewissen" u. s. w.

Nach der starken Deklination lautet also „gut" folgendermaßen:

| | Singular | | | Plural |
	Masc.	Fem.	Neutrum.	für alle 3 Geschlechter.
Nom.	guter	gute	gutes	gute
Gen.	— es	— er	— es	— er
Dat.	— em	— er	— em	— en
Acc.	— en	— e	— es	— e

2. Geht aber der bestimmte Artikel vorher oder ein Pronomen, welches die Endung des bestimmten Artikels an sich hat, wie dieser, diese, dieses, so wird das Adjectivum schwach dekliniert, d. h. es hat in allen Casus des Sing. wie Plur. die Endung en (n) mit Ausnahme des Nom. Sing. aller Genera und des Acc. Sing. vom Fem. und Neutrum, wo es die Endung e hat, z. B. des (jedes) guten Kindes u. s. w., dem (jedem) guten Kinde, die guten Kinder u. s. w., im Nom. aber das gute Kind[1]).

„Gut" lautet demgemäß nach der schwachen Deklination:

| | Singular | | | Plural |
	Masc.	Fem.	Neutrum.	für alli 3 Geschlechter.
Nom.	gute	gute	gute	guten
Gen.	— en	— en	— en	— en
Dat.	— en	— en	— en	— en
Acc.	— en	— e	— e	— en

Anmerk. a. Folgen mehrere Adjektive auf einander, die mit „und" verbunden sein könnten, so werden sie in gleicher Weise dekliniert, z. B. mit freudigem, heiterem Gesichte, mit der freudigsten, heitersten Miene; aber: mit altem spanischen Weine.

Anmerk. b. Im Gen. Sing. des Masc. und Neutr. hat die schwache Deklinationsendung auf en die starke auf es meist verdrängt, z. B. „Es bedurfte großen Glaubens". Üblich sind nur Wendungen wie: gutes Mutes; reines Herzens u. s. w.

---

[1]) Vergl. ein (kein) guter, lieber Freund, aber: eines guten, lieben Freundes, einem guten, lieben Freunde u. s. w. Nach dem persönlichen Pronomen im Nom. Sing. steht stets die starke Deklination, z. B. Ich armer Mann, sonst meist die schwache, z. B. Wir armen Leute, Mir armen Manne.

Anmerk. c. Nach den unbestimmten Zahlwörtern, wie einige,
mehrere, manche, viele und wenige steht das folgende
Adjectivum meist in starker Deklination, z. B. einige liebe
Freunde; doch ist nach alle und keine die schwache üblicher:
alle lieben Freunde.

Anmerk. d. Die Adjektive mit den Bildungen — el und — er
wie „dunkel" und „hager" stoßen je nach dem Wohllaut manchmal das e der Biegung, manchmal das e des Stammes aus;
man sagt sowohl „von dunklem" als „von dunkelm Stoff",
aber wohl nur „edles Antlitzes". Die Adjektive mit — en lassen
nur das e des Stammes zuweilen fallen, z. B. mit eigner Hand.

II. Von der Komparation des Eigenschaftsworts[1]).

Der Komparativ wird durch Anhängung der Endsilbe **er** (mit
oder ohne Umlaut) gebildet[2]), der Superlativ durch Anhängung
von **st, est**, z. B. schön, schöner, schönst, am schönsten; hoch, höher,
am höchsten. Verstärkt wird häufig der Superlativ durch den vor-
gesetzten Genetiv „aller", z. B. allerschönster, oder durch die Worte
„bei weitem der, die, das u. s. w." Unregelmäßig in der Komparation ist: gut, besser, am besten; viel, mehr, am meisten.

Anmerk. 1. Das e der Adjektive auf — el, — en und — er
fällt im Komparativ aus oder bleibt, je nach dem Wohllaut,
z. B. bitter, bittrer oder bitterer. — Im Superlativ tritt die
volle Endung — est nur ein, wo durch Anhängung des st eine
Härte entstehen würde, z. B. sanftest, süßest, bösest u. s. w.

Anmerk. 2. Auch die Participia Präteriti mit mehr adjektivem
als verbalem Sinne werden gesteigert, so bekannt, bekannter,
bekanntest; seltener findet dies statt bei den Adjektiven vom Part.
Präsentis. Doch sagt man: bedeutend, bedeutender, bedeutendst;
rührend, rührender, rührendst u. a.

§. 9.
Von den Pronominibus.

Die hauptsächlichsten Pronomina sind:
I. Die Pronomina personalia (persönlichen Fürwörter):

[1]) Statt des Komparativs gebraucht man den Positiv mit mehr — als,
wenn man zwei Eigenschaften, die einem Substantiv angehören, mit
einander vergleicht, z. B. Er war mehr unbesonnen, als böse. — Statt
des Superlativs setzt man den Positiv mit sehr, höchst, äußerst, wenn
man einen sehr hohen Grad ohne Vergleichung mit anderen Personen oder
Dingen ausdrücken will, z. B. Er war sehr, höchst, äußerst unbesonnen.

[2]) Nach dem Komparativ gebraucht man die Partikel „als", während
„wie" eine Gleichstellung ausdrückt, z. B. „Er ist besser als du", aber: „Er
ist so gut wie du".

Singular.

	1. Perſ.	2. Perſ.	3. Perſ.		
			Maſc.	Fem.	Neutr.
Nom.	ich	du	er	ſie	es
Gen.	meiner	deiner	ſeiner	ihrer	ſeiner
Dat.	mir	dir	ihm} ſich	ihr} ſich	ihm} ſich
Acc.	mich	dich	ihn}	ſie}	es}

Plural.

	1. Perſ.	2. Perſ.	3. Perſ.		
			Maſc.	Fem.	Neutr.
Nom.	wir	ihr	ſie		
Gen.	unſer	euer	ihrer		
Dat.	uns	euch	ihnen} ſich		
Acc.	uns	euch	ſie}		

Anmerk. 1. Die casus obliqui (Gen. Dat. Acc.) beider Numeri heißen pronomina reflexiva, wenn ſich das betreffende Pronomen auf das Subjekt zurück bezieht, z. B. ich freue mich. Im Dat. und Acc. des Pronomens der 3. Perſ. ſowohl im Sing. als im Plur. wird dann die Form „ſich" gebraucht[1]).

Anmerk. 2. Für das Pronomen der 3. Perſ. „es" ſetzt man nach Präpoſitionen „dasſelbe", z. B. das bezieht ſich auf dasſelbe oder darauf, nicht auf „es". Im übrigen wird „es" auch gebraucht 1. vor unperſönlichen Verben, z. B. es regnet, 2. zur Ankündigung eines nachfolgenden Subjekts ohne Unterſchied des Geſchlechts und der Zahl. „Es war die Frau"; „Es waren drei Reiter"[2]).

Anmerk. 3. In der Anrede (beſonders in Briefen) werden die auf die angeredete Perſon ſich beziehenden Pronomina mit einem großen Anfangsbuchſtaben geſchrieben, ſ. §. 3. IV. 6.

II. Die Pron. possessiva (beſitzanzeigenden Fürwörter): Sing. mein, dein, ſein, ihr.—Plur. unſer, euer, ihr.

III. Die Pron. demonstrativa (hinweiſenden Fürwörter): dieſer, jener, der (Gen. Sing. deſſen, deren, deſſen [für deſſen die ältere Form „des", in deshalb und deswegen]; Gen. Plur. derer, Dat. denen).

IV. Die Pron. interrogativa (fragenden Fürwörter): wer? was? (Subſt.), welcher u. ſ. w. (Adj.), was für einer?[3]) — (Für „weſſen" die ältere Form „wes" in weswegen u. ſ. w.)

---

[1]) Tritt zu der Pluralform „ſich" noch „einander" (= gegenſeitig), ſo heißt es pronomen reciprocum.

[2]) In Redensarten wie: „Ich bin's zufrieden", „Mich nimmt es wunder", „Er weiß es mir Dank" u. ſ. w. iſt „es" ein alter Gen. des Neutrums.

[3]) Man muß in demſelben Fall antworten, in welchem gefragt wird. Weſſen Buch iſt dies? Karls. — Wem gehört dies? Mir. —

V. Die Pron. relativa (rückbezüglichen Fürwörter):welcher; der (Gen. Plur. deren, Dat. denen); auch „wer" = jeder, der.

VI. Die Pron. indefinita (unbestimmten Fürwörter): jemand, ein gewisser, einer, niemand, man, etwas.

Anmerk. Die relativen Pronomina beziehen sich stets auf das nächst vorhergehende Substantivum, auf welches sie nach Genus und Numerus gehen können. Jede Zweideutigkeit in dieser Hinsicht ist zu vermeiden, ebenso auch schon des Wohlklangs halber die Wiederholung von „die" oder „sie" dicht hinter einander in einem Satze.

§. 10.
Von den Numeralien.

Die Zahlwörter bezeichnen entweder eine bestimmte Zahl (vier, der zehnte) oder eine unbestimmte Zahl (manche, viele). Die ersteren zerfallen in Cardinalia (auf die Frage: wie viele? zwei, drei u. s. w.) und in Ordinalia (auf die Frage: der wievielste? der zweite u. s. w.).

Deklination der Zahlwörter.

Masc.	Fem.	Neutrum.
1. einer*[1]) ein	eine	eins* ein
eines	einer	eines
einem	einer	einem
einen	eine	eins* ein

2. Zwei und drei haben im Gen. zweier, dreier, im Dat. zweien, dreien, wenn sie substantivisch für sich stehen oder wenn bei einer Verbindung mit einem Substantivum die Deutlichkeit auch am Zahlwort das Hervortreten des Casus durch eine bestimmte Endung verlangt; sonst haben sie unverändert: zwei, drei, z. B. zweien ist es gelungen, oder: nach der Aussage zweier, dreier Frauen; aber: den zwei Dieben ist es gelungen — nach der Aussage der, jener zwei Frauen; von drei Frauen, neben: von dreien Frauen u. s. w.

Anmerk. Hin und wieder findet man in Schriften den ehemals beobachteten Unterschied der Geschlechter von „zwei", nämlich: zween, zwo, zwei u. s. w.

§. 11.
Vom Verbum.
I. Von der Einteilung der Zeitwörter.

A. Die Zeitwörter werden ihrer Bedeutung nach eingeteilt in transitive und intransitive.

---

[1]) Die mit einem Stern bezeichneten Formen von eins werden gebraucht, wenn sie allein — ohne Substantiv — stehen.

Ein Verbum ist transitiv, wenn mit ihm ein „näheres Objekt" verbunden werden kann; geht dies nicht, so ist das Zeitwort intransitiv.

Man erkennt die transitiven Verba daran, daß man von ihnen ein vollständiges Passiv durch alle Personen bilden kann, z. B. ich, du, er, wir, ihr, sie werden geliebt. Die 3. Pers. Sing. des Passiv läßt sich nämlich auch von den meisten intransitiven Zeitwörtern bilden, z. B. es wird gelacht § 26. IV. 2, a. Anm. Ein Satz mit transitivem, aktivem Verbum ist leicht in einen entsprechenden mit passiver Form umzuwandeln¹). Das Objekt wird dann zum Subjekt, z. B. der Jäger schießt den Hasen — der Hase wird vom Jäger geschossen. s. S. 46. Nr. 3.

B. Außerdem unterscheidet man noch:

1. verba reflexiva, deren Thätigkeit sich auf das Subjekt zurückbezieht, z. B. ich ängstige mich;
2. verba impersonalia, die nur in der 3. Pers. mit dem unbestimmten „es" üblich sind, z. B. es blitzt;
3. die Hülfszeitwörter: sein, haben, werden, so wie: dürfen, können, mögen, müssen, sollen, wollen, welche aber auch selbständig gebraucht werden.

II. Von der Flexion des Verbums.

Beim Zeitwort unterscheidet man eine starke und eine schwache Konjugation.

Als Stammzeiten, in denen dieser Unterschied hervortritt, sind anzusehen: Präsens, Imperfectum²) und II. Participium.

Ein Verbum nach der starken Konjugation bildet sein Imperfectum (ohne besondere Endung) nur durch den Ablaut d. h. durch die Wandlung des Stammvokals³); das

---

¹) Nur wenn das Subjekt ein unbestimmtes Pronomen wie „es" oder „man" ist, kann eine Verwandlung in das Passiv nicht stattfinden.

²) Die Bezeichnung Imperfectum scheint schon des fremdsprachlichen Unterrichts halber festzuhalten, wo man derselben sich meist zu bedienen pflegt, z. B. „der Lateiner erzählt im Perfectum, der Deutsche im Imperfectum."

³) Der Ablaut (nicht zu verwechseln mit dem Umlaut, von dem §. 3, 1. A. handelt) verleiht der starken Konjugation große Mannigfaltigkeit, weshalb auch die starke Konjugation bei allen Werben, wo sie noch üblich, festzuhalten ist, zumal der Sprachgebrauch unwillkürlich aus mechanischem Triebe der schwachen Konjugation immer größeren Spielraum einzuräumen sucht. Man halte also fest z. B.: ich wob, gewoben; ich schuf (neben schaffte), ich schund, ich hieb, ich glitt, während glomm, scholl, schnob und ähnliche

2. Part. durch die Endung en (mit oder ohne Ablaut) neben der Vorsetzsilbe ge, z. B. ich grabe, ich grub, gegraben.

Die Formen des Ablauts und somit der starken Konjugation sind für die heutige Sprache:[1]

1)	i	a	u	z. B.	ich binde, band, gebunden.
2)	i	a	o	„ „	ich spinne, spann, gesponnen.
3)	e	a	o	„ „	ich sterbe, starb, gestorben.
4)	i	o	o	„ „	ich klimme, klomm, geklommen.
5)	e	o	o	„ „	ich quelle, quoll, gequollen.
6)	e	a	e	„ „	ich sehe, sah, gesehen.
7)	e (ä)	a	o	„ „	ich { nehme, nahm, genommen. gebäre, gebar, geboren.
8)	e (ä) ie (ü) ö — o — o			z. B. ich	{ fechte, focht, gefochten. wäge, wog, gewogen. wiege, wog, gewogen. lüge, log, gelogen. erlösche, erlosch, erloschen.
9)	a	u	a	„ „	ich wachse, wuchs, gewachsen.
10)	ei	i	i	„ „	ich greife, griff, gegriffen.
11)	au	o	o	„ „	ich sauge, sog, gesogen.
12)	a	ie	a	„ „	ich halte, hielt, gehalten.
13)	u	ie	u	„ „	ich rufe, rief, gerufen.
14)	ei	ie	ei	„ „	ich heiße, hieß, geheißen.
15)	au	ie	au	„ „	ich laufe, lief, gelaufen.
16)	o	ie	o	„ „	ich stoße, stieß, gestoßen.[2]

Ein Verbum nach der schwachen Konjugation hingegen bildet das Imperf. bloß durch die Endung te und das 2. Part. durch die Endung et oder t neben der Vorsetzsilbe ge, z. B. ich lobe, ich lobte, gelobt.

Formen kaum mehr in Prosa verwendet und nur noch in der Dichtung oder in gehobener Rede gebraucht werden. „Ich frug" erscheint als unorganisch gebildet; die ältere normale Bildung, welche auch Luther stets hat, lautet „ich fragte": da es aber einmal eingeführt ist und auch bei Schiller und Goethe sich findet, ist kein Grund vorhanden, es aufzugeben.

[1] Davon, daß eine ganze Anzahl der Verba ursprünglich im Praeteritum redupliciert hat, haben wir kein Bewußtsein mehr; wir rechnen sie auch zu den ablautenden, z. B. fallen, halten.

[2] Zur Übung werden zweckmäßig analoge Beispiele für die einzelnen Gruppen gesucht.

Anmerk. 1. Neben einigen intransitiven Verben nach der starken Konjugation stehen entsprechende transitive nach der schwachen, z. B. fallen — fällen, springen — sprengen, trinken — tränken, sinken — senken, hangen — hängen (die Komposita des letzteren, namentlich die reflexiven, schwanken zwischen beiden Konjugationen, z. B. „er hängte" und „er hing sich auf".

Anmerk. 2. Auch eine Vermischung der starken und schwachen Konjugation findet statt: ich spalte, ich spaltete, gespalten; ebenso: salzen, falten. Besondere Unterschiede in der Bedeutung treten dabei hervor in: gemahlen und gemalt, bedungen und bedingt; ich pflog (z. B. Rates), sonst pflegte; ich bewog und ich bewegte; ich schliff — schleifte (schleppte). Ohne Unterschied zeigen beide Konjugationen: flechten, quellen, schwellen u. a.

Anmerk. 3. Die Verba brennen, kennen, nennen, rennen, senden und wenden gehen nach der schwachen Konjugation, verwandeln aber daneben das e in a, z. B. ich brenne, brannte, gebrannt[1]). — Ferner hat: bringen — ich brachte, gebracht; denken — ich dachte, gedacht; thun — ich that, gethan; stehen — ich stand, gestanden; gehen — ich ging, gegangen.

Anmerk. 4. Die Praesentia der Verben: dürfen, können, mögen, sollen, müssen und wissen sind ursprünglich der Form nach starke Imperfecta und flektieren auch so im Sing.: ich darf, du darfst, er darf. Von dem im Plur. und im Inf. hervortretenden Stamm haben sie dann neue Imperf. nach der schwachen Konjugation gebildet[2]), z. B. ich darf, wir dürfen, Inf. dürfen, Impf. ich durfte. Auch wollen schließt sich dem an, also: ich will, wir wollen; Inf. wollen, Impf. ich wollte.

III. Im einzelnen ist noch Folgendes zu merken:

1. Das Passivum wird mit dem Hülfszeitwort werden und dem II. Participium gebildet, z. B. ich werde gelobt (ich werde loben ist das Fut. I des Aktiv.)

2. Im Aktivum werden im Perfektum, Plusq. und Fut. II. mit dem Hülfsverbum „sein" statt „haben" konjugiert intransitive Verba, welche eine Bewegung oder einen Übergang aus einem Zustand in einen anderen, d. h. ein Werden aus= drücken, z. B.: Ich bin gegangen; Ich bin des Weges geritten

---

[1]) Wie „senden" und „wenden" das e der Flexion beibehalten (s. unten III. 6), thun sie es auch in: sendete, wendete (Nebenformen von: sandte, wandte).

[2]) Eine andere Eigentümlichkeit dieser Verba s. unten III. Anm. 11.

(aber transitiv: Er hat das Pferd geritten); ferner: Er ist gestorben; Das Wasser ist gefroren.

Anmerk. Wenn die Verba der Bewegung aber nicht die Entfernung von oder nach einem Orte, sondern nur die Thätigkeit an sich ausdrücken, so werden sie mit haben verbunden, z. B. Er ist nach der Insel gesegelt. — Wie bist du nach der Insel (der Stadt) gekommen? — Ich bin (nach der Insel) gesegelt (bin nach der Stadt) geritten; hingegen: Ich habe (lange, oft u. f. w.) gesegelt, geritten u. bergl. Ebenso heißt es: Er hat gefroren, weil mehr ein bestimmter Zustand, kein Übergang von einem in den andern bezeichnet wird, aber das Wasser ist (zu Eis) gefroren.

3. Die Vorsetzsilbe ge im 2. Participium fällt fort a) bei den Zeitwörtern auf ieren, b) bei den Zeitwörtern, welche mit einer untrennbaren Vorsetzsilbe oder Präposition zusammengesetzt sind. So wird von verraten, mißleiten, übersetzen (z. B. ein Buch) gebildet: verraten, mißleitet, übersetzt; hingegen von ich setze über stets übergesetzt[1]). Nur mißbilligen, mißbrauchen und mißtrauen haben das „ge" zu Anfang, mißarten und mißgreifen aber in der Mitte. Auch sagt man: frohlockt und gefrohlockt; offenbart und geoffenbart; von willfahren jedoch bloß „gewillfahrt".

4. Im 2. Part. wird das e der Flexion meist ausgeworfen, außer nach d und t, wie denn überhaupt in der ganzen Konjugation nach dem wurzelhaften d und t das e der Flexion notwendiger Weise bleibt, z. B. gelobt, aber gewendet, gesichtet, wie: du sichtest, er sichtet, ich sichtete u. f. w.

5. In Bildungen auf el und er wird das e der Flexion, wenn es nicht auslautet, abgeworfen, z. B. züngeln, klingeln. Bei denen auf em und en wird hingegen das e des Stammes ausgestoßen, z. B. Atem, aber atmen, das Zeichen, aber zeichnen.

6. Die Flexion der 2. und 3. Pers. Sing. auf est und et wirft das e unbedingt ab, wenn in diesen Personen eine Vokalveränderung eintritt, z. B. ich fahre, du fährst, er fährt. Oft geschieht dies auch des einfachen Wohllauts halber; doch bleibt das e von est stets nach d, t, s, ß, sch und z,

---

[1]) Ebenso haben u. a. unterhalten, überschreiten, überlegen, übertreten verschiedene Bedeutung, je nachdem sie den Ton auf der Präposition oder auf dem Verbalstamm haben, und bilden demgemäß entweder unterhalten oder untergehalten u. f. w. Ich habe ihn unterhalten. Ich habe die Hand untergehalten.

und ebenso das **e** in der Endung et der 3. Perf. nach **d** und **t** (f. vorher II. Anm. 3), z. B. du leideſt, er leidet; du ſendeſt, er ſendet. Nur bei einzelnen Wörtern mit **ß** und **ſſ** hat der Sprach= gebrauch gewiſſe beſondere Verkürzungen eingeführt; ſo ſagt man neben du läſſeſt, du heißeſt auch du läßt, du heißt, und von müſſen kommt bloß vor du mußt.

7. Die meiſten Verba der ſtarken Konjugation, welche den Stammvokal **a** haben, laſſen ihn in der 2. und 3. Perſ. in den Umlaut **ä** übergehen, z. B. ich rate, du rätſt, er rät; ich fange, du fängſt, er fängt; ich hange, du hängſt, er hängt. Hierzu ſtellt ſich: ich komme, du kömmſt, er kömmt, neben dem gebräuch= licheren „du kommſt“, „er kommt“, ſo wie die Zeitwörter mit dem Vokal **e** oder **eh**, welche dieſen in der 2. Perſ. in i reſp. ie über= gehen laſſen, z. B. ich werfe, du wirfſt, er wirft; ich ſtehle, du ſtiehlſt, er ſtiehlt[1]).

8. Der Konjunktiv Imperf. aller ſchwachen Verba iſt gleich dem Ind.; der Konj. Imperf. der ſtarken Verba aber hat, wenn es möglich iſt, den Umlaut, z. B. ich ſchlug, Konj. ich ſchlüge. Alle jene Konjunktive aber, welche nicht durch Umlaut kenntlich ſind, und ebenſo auch die des Präf. be= halten in der 2. und 3. Perſ. das **e** der Flexion, z. B. du ſagſt, er ſagt iſt Ind., du ſageſt, er ſage Konjunktiv[2]).

9. Der **Imperativ** hat den Vokal der 3. Perſ. Sing. Präſ., er heißt alſo: nimm, gieb, hilf, ſprich, von: er nimmt, giebt, hilft, ſpricht u. ſ. w. Nur den Umlaut nimmt er nicht an, alſo: er fährt, gräbt u. ſ. w.; aber: fahr, grab u. ſ. w.

10. Über die Stellung des „zu“ beim Inf. (ſ. §. 22) gilt folgende Regel: Bei Verben, die mit untrennbarer Präpoſition oder Vorſeßſilbe zuſammengeſetzt ſind, ſteht das „zu“ vor dem Verbum, bei trennbaren in der Mitte. Dies Buch iſt ſchwer zu überſetzen, aber: Hier iſt ſchwer überzuſetzen. Nur von den mit miß — zuſammengeſetzten Verben haben einige das „zu“ in der Mitte, z. B. mißzuverſtehen, auch mißzuachten.

11. Die oben ſchon II. Anm. 4 erwähnten Hülfsverba: „dür= fen, können, mögen, ſollen, müſſen und wollen“ haben noch fol= gende Eigentümlichkeit. Wenn die mit haben zuſammengeſetzten Formen dieſer Verba mit einem Infinitiv verbunden werden,

---

[1]) Da fragen urſprünglich nach der ſchwachen Konjug. ging (ſ. S. 22 Anmerk. 2), ſo iſt „du fragſt, er fragt“ beſſer als: du frägſt, er frägt. Das= ſelbe gilt von „faſſen“.

[2]) Umſchreibungen des Konjunktivs ſind: ich möge, möchte, würde u. ſ. w.

so treten statt der gewöhnlichen Participien gekonnt, gemocht u. s. w. die Infinitivformen „können", „mögen" u. s. w. ein, z. B. ich habe es thun wollen, dürfen u. s. w. Über die veränderte Wortstellung dabei s. §. 24, II. Ebenso werden auch heißen, sehen, lassen, helfen und hören angewandt.

<h2 style="text-align:center">§. 12.</h2>
Vom Adverbium.

Wie die Eigenschaftswörter zum Hauptwort gehören, so stellt sich das Adverbium zunächst zum Verbum (daher auch sein Name), dann zum Participium und Adjectivum.

Die hauptsächlichsten Adverbien sind die

1. des Orts; auf die Frage: wo? wohin? woher? z. B. hier, dorthin, dorther[1]).
2. der Zeit; auf die Frage: wann? wie lange? z. B. heute, immer.
3. der Art und Weise; auf die Frage: wie? z. B. gern, ungern.

Daran reihen sich andere des Grundes, Mittels, Zweckes u. s. w. (s. die Arten der adverbialen Bestimmungen S. 32 f.) Sie schildern eben die näheren Umstände, welche die im Zeitwort ausgesagte Thätigkeit oder den betreffenden Zustand begleiten. — Schließlich kann jedes Adjectivum als Adverbium gebraucht werden, bleibt aber dann unverändert. Vgl. §. 18, Anm. 3.

<h2 style="text-align:center">§. 13.</h2>
Von den Präpositionen.

I. Regel über die Präpositionen mit dem Genetiv:

Unweit, mittelst, kraft und während,
Laut, vermöge, ungeachtet,
Oberhalb und unterhalb,
Innerhalb und außerhalb,
Diesseit, jenseit, halben, wegen,
Statt, auch längs, zufolge, trotz
Stehen mit dem Genetiv
Oder auf die Frage: wessen?
Doch ist hier nicht zu vergessen,

---

[1]) Von den mit „her" und „hin" zusammengesetzten Adverbien drücken die mit „her" eine Annäherung an den Sprechenden oder den Hauptgegenstand der Darstellung aus, die mit „hin" eine Entfernung. „Ich gehe in das Haus hinein"; „Er kommt zu mir heraus".

Daß bei diesen letzten drei
Auch der Dativ richtig sei.

Anmerkung.

1. Wenn anstatt getrennt wird, bezeichnet man Statt als
   Substantiv, also: An meines Bruders Statt.
2. Halben oder halber steht immer dem Hauptwort nach,
   wegen und ungeachtet bald vor, bald nach. Halber steht
   namentlich nach Substantiven ohne Artikel, z. B. Umzugs-
   halber; in der Komposition erscheint auch: halb, z. B. deshalb.
3. Meiner, deiner, seiner, ihrer mit halben, wegen und
   willen zusammengesetzt, giebt meinethalben, deinethalben,
   u. s. w.; unser, damit verbunden: unserthalben; wobei noch
   zu merken: eurethalben und ihrethalben.
4. Für „während dessen" findet sich zwar, ist aber nicht nach-
   zuahmen, „während dem".
5. Steht zufolge vor dem Hauptwort, so hat es dasselbe
   im Gen., steht es nach, dasselbe im Dat. bei sich: z. B.
   zufolge des Briefes, hingegen: dem Briefe zufolge.

II. Regel über die Präpositionen mit dem Dativ:
Schreib mit, nach, nächst, nebst, samt, seit, bei,
von[1]), zu, zuwider,
Entgegen, außer, aus stets mit dem Dativ nieder.

Anmerkung.

1. Entgegen, zuwider und gemäß stehen bald vor, bald
   nach dem Hauptwort.
2. Außer hat gewöhnlich den Dat. bei sich, aber in bestimmten Verbindungen zur Bezeichnung einer Bewegung den
   Accus., z. B. Ich gerate außer mir; aber: Etwas außer
   allen Zweifel setzen. Oft steht es auch als Bindewort
   ohne Einfluß auf die Rektion = nur, z. B. Ich kenne
   niemanden außer ihn[2]).

III. Regel über die Präpositionen mit dem Accusativ:
Bei durch, für, ohne, um, auch sonder, gegen, wider
Schreib stets den Accusativ und nie den Dativ nieder.

Anmerkung.

1. Die Präposition gen kommt außer im poetischen Ausdruck
   nur noch in bestimmten Redensarten, wie: gen Himmel,
   gen Osten, gen Westen vor.

---

[1]) Von alters her sowie von alters sind offenbar Ellipsen.
[2]) In der Redensart außer Landes (sein, gehen) steht außer für außerhalb.

2. Entlang hat meist den Accus. bei sich, wenn es nach dem Hauptwort steht, z. B. den Weg entlang, steht es aber voran, meist den Genetiv, z. B. entlang des Waldes zieht sich die Straße; minder gut ist der Dativ, wie man ihn auch mit längs (s. oben) verbindet.

3. Sonder (ohne) steht bei einem Substantiv ohne Artikel, z. B.: Sonder Furcht. (Nur noch in gewissen Redensarten.)

IV. Regel über die Präpositionen mit dem Dativ und Accusativ:

> An, auf, hinter, neben, in,
> Über, unter, vor und zwischen
> Stehen mit dem Accusativ,
> Wenn man fragen kann: wohin?
> Mit dem Dativ stehn sie so,
> Daß man nur kann fragen: wo?

Anmerk. Bei den Präpositionen mit dem Dat. und Accus. kommt es stets auf die Anschauung an. „Der Vogel schwebte über dem Wasser (im Kreise)"; „Der Vogel schwebte über das Wasser (dahin)"; „Er faßte ihn an der Hand (wo?)"; „Er faßte ihn an die Hand (wohin?)"; „Ich nehme den Stock in die Hand (wohin?)"; „Ich halte ihn in der Hand (wo?)"; „Ein Buch in drei Bände binden", aber: „Das Buch war in drei Bänden gebunden", weil bei dem Ersteren die Richtung, der Zweck ins Auge gefaßt, bei Letzterem ein Zustand (der Ruhe) geschildert wird.

Läßt sich aber der angegebene Unterschied in der Auffassung nicht anwenden, so haben die obengenannten Präpositionen den Dativ bei sich, nur „auf" und „über" den Accusativ, z. B. vor allen Dingen, unter diesen Umständen, reich an Freuden, aber: auf jede Weise, über alle Maßen u. s. w.

§. 14.

Von den Konjunktionen.

Die Konjunktionen teilt man in beiordnende (und, aber, sondern, denn u. dergl.) und in unterordnende (daß, weil, da u. s. w.). Man erkennt beide Arten meist äußerlich an folgenden Kennzeichen: mit einer unterordnenden Konjunktion kann man eine Erzählung (einen Brief oder dergl.) anfangen, mit einer beiordnenden aber nicht[1]). Die bei-

---

[1]) Ausgenommen von dieser Regel sind nur Konjunktionen wie „teils — teils". Wo sonst eine Ausnahme stattfindet, ist es eine rhetorische Figur,

orbnenben verbinden nämlich zwei Haupt= oder zwei Nebensätze, müssen also immer in der Mitte zwischen diesen stehen, die unterordnenden leiten aber stets einen Nebensatz ein, und da dieser seinem Hauptsatz vorangehen kann, können die betr. Konjunktionen auch selbst zu Anfang einer Erzählung u. s. w. stehen.

Anmerk. Die hauptsächlichsten beiordnenden Konjunktionen sind:
1. die kopulativen oder allgemein verbindenden: und, auch, außerdem, sowohl — als auch, nicht nur — sondern auch;
2. die kontinuativen oder fortsetzenden: erst, dann, ferner, nachher, zuletzt, endlich, oder: erstens, zweitens, drittens rc.;
3. die partitiven oder einteilenden, wie teils — teils, einerseits — andrerseits;
4. die disjunktiven oder ausschließenden, wie: entweder — oder, und das exklusive weder — noch;
5. die komparativen oder vergleichenden, wie: so, also, ebenso, desgleichen;
6. die adversativen oder entgegensetzenden, wie: aber, sondern, allein, doch, jedoch, dennoch, hingegen, vielmehr, sonst;
7. die kausalen oder begründenden: denn, nämlich;
8. die konsekutiven oder folgernden, wie: also, folglich, daher, deshalb, darum, deswegen;
9. die konzessiven oder einräumenden, wie: zwar, wohl, freilich.

Da die unterordnenden Konjunktionen nur im Nebensatz zur Anwendung kommen, von dem es drei Arten giebt: den Substantiv=, Attributiv= und Ad= verbialsatz, so wird von den betreffenden Konjunktionen in der Satzlehre bei Einteilung der Nebensätze die Rede sein (s. §. 19).

§. 15.
Von den Empfindungs= oder Ausrufungswörtern oder Interjektionen.

Die Interjektionen drücken die verschiedensten Empfindungen aus und werden an geeigneter Stelle in die Darstellung eingeschoben. Die üblichsten drücken ein Gefühl der Freude, des Schmerzes, der Bewunderung oder Furcht, des Abscheus oder Ekels aus, z. B. ach! juchhe! heißa! o! au! ei! pfui! u. s. w. Hierher rechnet man auch die Wörter, welche ein Begehren ausdrücken oder Naturlaute nachahmen, z. B. he! heda! weg! fort! piff! paff!

§. 16.
Von der Wortbildung und Zusammensetzung der Wörter.
I. Von der Wortbildung.

In betreff der Wortbildung unterscheidet man Stamm= (Wurzel=) und abgeleitete Wörter.

Bei den abgeleiteten Substantiven sind besonders zu

---

indem ein Gedanke vorher zu ergänzen, z. B.: „Auch ich bin in Arkabien geboren" (nämlich: Andere sind in Arkabien geboren, aber auch ich u. s. w.).

bemerken die Verkleinerungssilben **chen** und **lein**, dann die Ableitungssilben **in, ei, ung, heit, keit, schaft, sal, nis** und **tum**. Wörter wie Söhnchen, Söhnlein nennt man Diminutiva.

Bei den abgeleiteten Adjektiven treten besonders hervor die Endungen **bar, haft, ig, icht, isch, lich** und **sam**.

Bei den abgeleiteten Verben entwickelt sich eine große Mannigfaltigkeit durch den Umlaut des Vokals, z. B. hangen, hängen; lauten, läuten; trinken (trank), tränken, ertränken. Dazu kommen noch die Zusammensetzungen mit den Vorsilben: **ge, be, er, ver, ent,** sowie mit den Endsilben: **eln, igen, ieren**.

II. Von der Zusammensetzung.

Zusammensetzung oder Komposition ist die feste Verbindung mehrerer Wörter zur Bezeichnung eines Begriffs.

Alle Arten von Wörtern können mit einander zusammengesetzt werden, nur nicht Verbum mit Verbum.

Anmerk. 1. Bei der Komposition enthält stets der zweite Teil die Hauptsache, und der erste Teil dient nur zur näheren Bestimmung von dem im letzten Teil der Komposition enthaltenen Hauptbegriff. Dies ist besonders zu berücksichtigen beim Hinzufügen von Eigenschaftswörtern [man sage also z. B. nicht: „ein getrockneter Pflaumenhändler", „ein toller Hundebiß"[1])].

Anmerk. 2. Wenn man schwankt, ob ein aus zwei Wörtern bestehender Ausdruck als ein Kompositum oder als zwei Wörter anzusehen sei, so setze man den Artikel vor; gehört derselbe zum zweiten Wort, so ist es ein Kompositum, sonst nicht, z. B. das Tageslicht, hingegen: die Sonne, des Tages Licht[2]).

Allgemeine Satzlehre.

§. 17.

Vom einfachen Satze.

Ein Satz ist ein in Worten ausgedrückter Gedanke.

Die notwendigen Glieder jedes Satzes sind:

---

[1]) Einzelnes hat sich freilich eingebürgert, z. B. ein lateinisches Wörterbuch, ein französischer Sprachmeister.

[2]) Das Bestimmungswort wird verschiedentlich mit dem Grundwort verbunden, z. B. Bergwerk, Tagebuch, Tintenfaß, Handwerkszeug, Wahrheitsliebe, Langeweile, Hoherpriester.

Subjekt,	Prädikat,
ausgedrückt durch einen	ausgedrückt durch:
Nominativ,	1. Kopula und Adjektiv,
(antwortend auf die Frage: wer oder was thut, leidet etwas? oder: wer oder was befindet sich in welchem Zustande?)	2. „ „ Substantiv,
	3. Verbum, als solches Verbum finitum, (s. S. 48, Anm. 1.)
	(antwortend auf die Frage: wie ist das Subjekt beschaffen? oder wer oder was ist es? was thut oder leidet es, oder in welchem Zustande befindet es sich?)[1]

Anmerk. Im Lateinischen (wie Griechischen) kann ein Satz auch durch das Verbum allein ausgedrückt werden, da die betreffenden Formen hier das Pronomen in sich schließen, z. B. amat = er liebt[2]); daher kann im Lateinischen (wie Griechischen) die Konstruktion vom Verbum ausgehen (s. Vorrede zu Anfang). —

§. 18.
Vom erweiterten Satz.

Zum Subjekt und Prädikat können noch als Erweiterung des Gedankens hinzutreten:

I. Attribut.[3]) III. Adverbiale IV. Näheres Objekt (Acc.).
II. Apposition[3]) Bestimmung. V. Entfernteres Objekt (Dat.)[4].

(Beispiel: Der heitere[1]) Brief Deines[1]) Bruders,[1]) ein Beweis[II]) seines Wohlbefindens,[1]) hat uns[V]) hier[III]) heute[III]) große[1]) Freude[IV]) bereitet.)

Die adverbialen Bestimmungen sowie das nähere und entferntere Objekt gehören zunächst zum Verbum (oder zu einem Verbalbegriff); Attribut und Apposition können aber außer zum Subjekt auch zu jedem anderen Substantiv im Satze treten.

Anmerk. 1. Ein Attribut fügt eine Eigenschaft dem Sub-

---

[1]) Gott ist gerecht. — Gott ist ein Geist. — Der Mensch denkt, Gott lenkt. Das Prädikat kann auch durch gewisse Redewendungen umschrieben werden, z. B. die Zeit ist zu benutzen = muß benutzt werden. Scharnhorst ist es, der die preußische Landwehr geschaffen = Scharnhorst ist der Schöpfer u. s. w.

[2]) Im Deutschen tritt jener Fall nur ein beim Imperativ und bei passiven Sätzen sowie poetischen Ausdrucksweisen, z. B. Kommt! — Dort wurde gekämpft. — Sprach's. Andererseits treten öfter scheinbar zwei Subjekte auf, indem das unbestimmte Pronomen „es" auf das folgende Subjekt hindeutet, s. §. 9. 1, Anm. 2. „Es ritten drei Reiter zum Thore hinaus".

[3]) Sind aus praktischen Gründen zunächst dem Subjekt angereiht.

[4]) Zweckmäßig werden Zusätze im Genetiv, z. B. er bedurfte „des Friedens", besser nicht als Objekte, sondern mit besonderem Namen als Ergänzungen des Prädikats bezeichnet, s. auch §. 26. IV. Anm. A—C.

stantiv hinzu, zu dem es gehört. Es wird ausgedrückt
durch ein Adjektiv, Pronomen, Numerale oder durch
ein Substantiv im Genetiv (letzteres auf die Frage wessen?).
Statt des Substantivs im Genetiv kann auch eine Umschreibung
mit einer Präposition eintreten, z. B. Der Brief des
Vaters oder von dem Vater. S. aber §. 26, II. Anm.

Anmerk. 2. Eine Apposition ist eine Erklärung eines
Substantivs durch ein anderes ohne hinzutretendes Verbum.
Die Apposition steht in ebendemselben Casus, in welchem
das Hauptwort steht, auf das sie sich bezieht.
Zum Subjekt tritt sie also in den Nominativ, zum näheren
Objekt in den Accusativ u. s. w.

Jede Apposition ist eigentlich ein verkürzter Satz, z. B.
Hermann, ein Cherusker (welcher ein Cherusker war),
befreite Deutschland von den Römern. Walther von Thurn,
ein (französischer) Ritter (welcher u. s. w.), ritt in einer öden
syrischen Wüste. — Eigentlich muß man sich bei jeder Apposition dieselbe Frage wiederholt denken, welche bei dem Hauptwort, zu dem sie gehört, zu Grunde lag. Z. B. Alexander, —
wer? — der Sohn des Philipp, — machte sich zum Herrn
von ganz Asien. — Dem Alexander, — wem? — dem Sohne
des Philipp, — gelang es, sich ganz Asien zu unterwerfen
u. s. w.[1]) Die Apposition kann auch zu einem persönlichen
Pronomen treten, z. B. Du, die Freude deiner Eltern,
konntest dich so weit vergessen! Öfters wird sie übrigens auch
mit „als" angereiht, oder umschrieben, z. B. Karl, als der
jüngste seiner Brüder, u. s. w.[2])

Anmerk. 3. Die adverbiale Bestimmung kann durch ein
Adverbium ausgedrückt oder durch mehrere Redeteile umschrieben werden, z. B. der Schüler arbeitet fleißig oder —
mit dem größten Fleiße.

Es giebt namentlich adverbiale Bestimmungen:

a) des Orts — auf die Fragen:	wo? wohin? woher?
b) der Zeit „	wann? wie lange? in welcher Zeit?
c) der Art und Weise „	wie?
d) des Grundes · „	weshalb?

---

[1]) Beinamen, Vornamen und dem Namen vorangehende Titel sind mit
dem betreffenden Substantiv näher verwachsen als die gewöhnlichen
Appositionen; sie nähern sich einem Attribut und werden deshalb auch
nicht durch ein Komma getrennt, z. B. der König Friedrich der Große u. s. w.
Ähnlich zu fassen sind Verbindungen wie: Ich Ärmster! Ihr Barbaren!

[2]) Wenn die mit „als" angereihte Apposition von dem Subst., zu dem
sie gehört, durch die Wortstellung getrennt ist, so wird sie meist nicht in Kommata
eingeschlossen, z. B. „Alexander bändigte als Jüngling den Bukephalos".
Sie geht nämlich dann in eine Art adverbialer Bestimmung über.

e) des Zweckes — auf die Frage: wozu?
f) des Mittels   .   womit? woduch?
g) der Bedingung   ;   unter welcher Bedingung?
h) des begleitenden oder näheren Umstands — auf die Frage: unter welchen Umständen? inwiefern? u. s. w.

§. 19.
Von der Satzverbindung.

Eine Satzverbindung ist die Vereinigung zweier oder mehrerer Sätze zu einem größeren Ganzen, (welches auch äußerlich durch einen Punkt abgeschlossen wird).

I. Vom subordinierten Satzverhältnis.

Eine Satzverbindung kann zunächst dadurch entstehen, daß ein Satz durch einen zweiten erweitert wird, der von ihm abhängig, ihm untergeordnet (subordiniert) ist.

Jedes Satzglied nämlich, mit Ausnahme des Prädikats, (also das Subjekt, das Objekt, das Attribut, die Apposition und die adverbiale Bestimmung) kann zu einem besonderen Satze erweitert werden (s. III.). Einen zweiten so entstandenen Satz nennt man gegenüber dem Hauptsatz, zu dem er gehört, Nebensatz, weil er sich als Glied an jenen anfügt. — Steht der Nebensatz voran, so nennt man ihn Vordersatz und den Hauptsatz Nachsatz, z. B. „Als es Tag wurde, da kamen die Feinde".

II. Vom koordinierten Satzverhältnis.

Im Gegensatz zu diesem subordinierten Verhältnis findet aber auch eine Beiordnung von Sätzen gleicher Art statt, d. h. es können Hauptsätze einander und Nebensätze einander beigeordnet (koordiniert) werden.

Anmerk. 1. Durch Subordinierung und Koordinierung von Sätzen entsteht eine große Mannigfaltigkeit des Satzbaues, zumal auch jedem Nebensatz nicht bloß ein anderer koordiniert, sondern auch wieder ein solcher subordiniert werden kann. Um die Gruppierung der Sätze in einer Satzverbindung zu erkennen, muß man stets von den Hauptsätzen ausgehen und sehen, wie sich die übrigen anschließen (s. S. 38).

Anmerk. 2. Äußerlich erkennt man einen Hauptsatz daran, daß das Hülfsverbum in der Mitte steht, während es im Nebensatz ans Ende tritt[1]. „Die Sonne hat geschienen",

---

[1] Ist kein Hülfsverbum (haben, sein u. s. w.) da, so bringe man durch Übertragung des Satzes in eine andere Zeit, z. B. das Perfektum, eins hinein. (Eine Ausnahme macht der S. 41 Anm. 1 angeführte Fall.)

Schwarz, Leitfaden. 3

ist ein Hauptsatz; in der Verbindung: „Ich weiß, daß die Sonne geschienen hat", ist jener Satz zum Nebensatz geworden (vergl. §. 24 I).

III. Von der Einteilung der Nebensätze.

Da die Nebensätze, wie vorher gesagt, die Stelle eines Satzgliedes in dem Satze vertreten, dem sie untergeordnet sind, und entweder 1. statt eines Subjekts oder Objekts oder 2. statt eines Attributs oder einer Apposition oder 3. statt einer adverbialen Bestimmung stehen, so ergeben sich folgende drei Arten von Nebensätzen:

1) **Substantiv-Sätze,** welche für ein Subjekt oder ein näheres oder ein entfernteres Objekt stehen.

A. Substantiv-Satz, für ein Subjekt stehend und also auf die Frage wer? was? antwortend: Der Vorsichtige = Wer die nötige Vorsicht anwendet, — geht sicher. (Wer geht sicher?) — Der Tod fürs Vaterland = Daß jeder nötigenfalls für sein Vaterland sterbe, — ist eine heilige Pflicht. (Was ist eine heilige Pflicht?)

B. Substantiv-Satz 1) für ein näheres Objekt stehend und also auf die Frage wen oder was? antwortend: Sage mir deinen Umgang = mit wem du umgehst, und ich will dir sagen deinen Wert = was du bist. (Sage mir was?) 2) für ein entfernteres Objekt stehend (also auf die Frage wem? antwortend) z. B. Er folgt jedem Vorangehenden = so wie einer vorangeht[1]).

2) **Attributiv-Sätze,** welche für ein Attribut [oder eine Apposition][2]) stehen und demgemäß auf die Frage: welcher, welche, welches? was für einer u. s. w. antworten, z. B. Der Schüler lernt etwas — welcher? der fleißige = welcher Fleiß anwendet. — Die Völkerschlacht bei Leipzig (welche bei Leipzig geschlagen wurde) dauerte drei Tage. — Die Nachricht vom Tode des Hasdrubal (daß Hasdrubal gefallen) erschreckte den Hannibal. — Odysseus, König von Ithaka (welcher König von Ithaka war) u. s. w.[3]).

3) **Adverbial-Sätze,** welche für eine adverbiale Bestimmung stehen und demgemäß auf die Fragen: wo? wohin? woher? wann? wie? u. s. w. antworten (s. §.

---

[1]) Die letztere Art von Sätzen ist seltener. — Auch andere Ergänzungen des Prädikats (s. S. 31 Anm. 3) können zu einem Satz erweitert werden. Er bedurfte des Rates = daß ihm Rat erteilt wurde. s. S. 85.

[2]) s. §. 18 namentl. Anmerk. 2 im Text.

18), z. B.: Er arbeitete — wie? fleißig = indem er den größten Fleiß anwendete. — Odyſſeus tötete bei ſeiner Rückkehr (als er zurückkehrte) die Freier u. ſ. w.

Nur indem man ſtets (durch eine der betr. Fragen) erwägt, ſtatt welches Satzgliedes der Nebenſatz eingetreten iſt, kann man ſeine Art erkennen; die Konjunktion oder die Art der Verbindung iſt dafür nicht immer entſcheidend. So kann z. B. „wo“ einen Subſtantiv=, Attributiv= oder Adverbial=ſatz einleiten. Wo ich den Freund zu ſuchen habe, weiß ich nicht = ich weiß den Aufenthaltsort des Freundes nicht, alſo: Subſtantivſatz für ein Objekt. Den Ort, wo ich ihn fand, werde ich nie vergeſſen = ich werde den betreffenden Ort nie vergeſſen; alſo: Attributivſatz für ein Attribut. — Ich nehme es, wo ich es finde = Adverbialſatz auf die Frage: wo?

Nichtsdeſtoweniger laſſen ſich doch im Anſchluß an die drei angegebenen Arten der Nebenſätze die unterordnenden Konjunktionen gruppieren, wobei es nun freilich nach der eben gemachten Bemerkung erklärlich iſt, wenn einzelne an verſchiedenen Stellen ſich wiederholen. So werden die Subſtantiv=Sätze meiſt angereiht oder eingeleitet außer durch die Pronomina „wer“, „was“ durch die Konjunktionen: daß, ob[1]), wo, wann, wie; die Attributiv=Sätze neben den relativen Fürwörtern: „welcher, welche, welches“ und „der, die, das“ auch durch die Konjunktionen: wo, wenn, wie, indem, als, nachdem.

Die Adverbial=Sätze ſind die mannigfachſten; ſie zerfallen, den Arten adverbialer Beſtimmungen im ganzen entſprechend, in folgende Hauptarten:

a. Lokal=Sätze oder Adverbial=Sätze des Orts auf die Fragen: wo? wohin? woher? welche durch die gleichnamigen Adverbia eingeleitet werden.

b. Temporal=Sätze oder Adverbial=Sätze der Zeit auf die Fragen: wann? wie lange? mit den Konjunktionen: als, da, wie, wenn, während, indem, nachdem, ſeitdem, bevor, bis und ehe[2]).

c. Modale Nebenſätze. Sie beſtimmen näher die Art und Weiſe, ſtehen auf die Frage: wie? und werden eingeleitet durch die Konjunktionen: indem, während, ohne daß, als ob.

---

[1]) „Ob“ leitet meiſt Subſtantivſätze ein, die indirekte Fragen enthalten, z. B.: Ich weiß nicht, ob es wahr iſt. (Anhang IV. 3.)
[2]) Unterſchied zwiſchen „indem“ und „nachdem“ u. ſ. w.

d. **Kausal-Sätze**, welche auf die Frage weshalb? antworten und meist mit Konjunktionen wie: „weil" und „da" anfangen.

e. **Final-** oder **Absichts-Sätze**, welche auf die Frage wozu? antworten und die Konjunktionen: „auf daß", „daß", „damit" und „um zu" zeigen.

f. **Konsekutiv-** oder **Folge-Sätze** mit der Konjunktion „so daß" auf die Frage: „mit welcher Wirkung?"

g. **Konditional-Sätze**, welche auf die Frage „unter welcher Bedingung?" antworten und eingeleitet werden durch: „wenn", „wofern", „falls", „wo nicht", „wenn anders", „außer wenn" u. f. w.

h. **Adverbial-Sätze**, welche eine Vergleichung ausdrücken und auf die Frage wie? antworten; werden angeknüpft durch die Konjunktionen: „wie", „gleichwie", „sowie".

i. **Adverbial-Sätze** der Einschränkung mit den beschränkenden Konjunktionen: „insofern", „wiefern", „inwiefern", „insofern als".

k. **Konzessiv-Sätze** mit den Konjunktionen: „obgleich", „wiewohl", „obwohl", „obschon", „wenn gleich", „ungeachtet".

l. **Proportional-Sätze** mit den Konjunktionen: „je" — je, je — desto, je mehr — desto mehr[1])".

Anmerk. Der Accus. c. Inf. im Lateinischen ist ein Substantiv-Satz (steht für ein Subj. oder Obj. des betr. Hauptsatzes), die Sätze mit ut in der Bedeutung von „damit" oder „so daß" sind Final- oder Konsekutiv-Sätze. Die Abl. abs. sind Temporal- und Kausal-, auch Konditional- und Konzessiv-Sätze.

Wie aus einem einfachen Satze, indem der Gedanke sich immer mehr in neuen Gliedern entfaltet, ein immer vollerer Satz entsteht und dieser sich schließlich, durch Entwickelung einzelner Satzglieder zu Nebensätzen, zu einer großen Satzverbindung entwickelt, möge das Beispiel auf S. 39 zeigen.

Eine solche Entwickelung kann sich übrigens soweit ausdehnen, als darunter die Deutlichkeit und Übersicht nicht leidet. Im Lateinischen sind derartige Sätze besonders beliebt. Im Deutschen aber verlangt die Frische des Stils eine gewisse Abwechselung zwischen längeren und kürzeren Sätzen.

---

[1]) Die Adverbial-Sätze a — e und g entsprechen genau den adverbialen Bestimmungen a, b, c, d, e, g im §. 18 Anmerk. 3, die Adverbial-Sätze h — l haben sich mehr oder weniger aus der adverbialen Bestimmung Nr. h „vom begleitenden oder näheren Umstande" entwickelt. — Beispiele f. S. 37.

Beispiele zu den verschiedenen Arten der Nebensätze.

1) **Substantivsätze:** A. für ein Subjekt: Daß dein Bruder angekommen ist (= die Ankunft [Subj.] deines Bruders) freut mich. — B. für ein näheres Objekt: Er meldete, daß dein Bruder angekommen (die Ankunft u. s. w.); Er fragte, wann [1]) dein Bruder angekommen sei. — C. für ein entfernteres Objekt: Traue nicht, „was dir auch jemand für ein Glück fälschlich dabei vorspiegeln mag" = „dem falschen Glücke".
Auch die **Ergänzungssätze** (f. S. 34, Anm. 1.) gehören hierher, wie: Das ist nicht „der Rede" wert = Das ist nicht wert, „daß davon geredet wird".

2) **Attributivsätze:** Der kaiserliche Palast (des Kaisers) ist schön = Der Palast, welcher dem Kaiser gehört, ist schön. — Die Nachricht vom Brande seines Hauses (daß sein Haus abgebrannt sei) ereilte ihn unterwegs. — Der Ruhm des Achill, des Sohnes der Thetis (welcher ein Sohn der Thetis war), war groß. —

3) **Adverbialsätze.** Beispiele:

Zu Nr. 1. Wo du bleibst, will ich auch bleiben; wohin du gehst, will ich auch gehen.

„ „ 2. Wir sahen ihn, indem (als) er aus dem Hause trat. Wir sehen ihn, wenn [1]) er aus dem Hause tritt.

„ „ 3. Da die Sonne scheint, ist es warm.

„ „ 4. Er arbeitete, indem er seine ganze Kraft anstrengte.

„ „ 5. Du sollst deinen Vater und deine Mutter ehren, damit (auf daß, daß) es dir wohl gehe u. s. w.

„ „ 6. Die Nachrichten sind gut, so daß ich froh bin.

„ „ 7. Wenn [1]) du recht thust, brauchst du niemand zu scheuen.

„ „ 8. Wie man's treibt, so geht's.

„ „ 9. Insofern die Nachricht zutrifft, ist der Fall traurig.

„ „ 10. Obgleich wir Sommer haben, ist es kalt.

„ „ 11. Je weniger man unnütz fragt, desto besser ist es.

---

[1]) „Wann" wird in Fragesätzen (unabhängigen wie abhängigen) angewandt, „wenn" in Temporal- und Konditionalsätzen.

§. 20.
Vom zusammengezogenen Satz.

Zwei beigeordnete Sätze (sowohl Haupt- als Nebensätze), die ein oder mehrere Satzglieder oder auch nur das Hülfsverbum gemeinsam haben, können zusammengezogen werden. So entstehen Sätze wie: Der König und die Königin ist (sind) abgereist: Als der König abgereist und die Königin erkrankt war, u. s. w. (Über die Interpunktion s. §. 5. V, Anm. 1.)

§. 21.
Vom eingeschalteten oder Zwischen-Satz.

Um einen Satz in eine andere Verbindung einzuschalten, bedient man sich der Parenthese, sowie unter bestimmten Bedingungen der Kommata. Letzteres findet besonders bei der direkten Rede statt. „Eure Rede," sagt der Herr, „sei ja, ja, nein, nein; was darüber ist, das ist vom Übel."

§. 22.
Vom verkürzten Satz.

Ein Nebensatz kann verkürzt werden; z. B. statt eines Attributiv-Satzes geschieht die Anknüpfung durch das Part. des betr. Zeitwortes oder durch ein Adjekt.[1]); statt eines Satzes, mit „daß" oder „damit" tritt oft der Inf. mit „zu" oder „um zu" ein. So läßt sich statt: „Ich freue mich, daß ich ihn sehe" auch sagen: „Ich freue mich, ihn zu sehen", vgl. §. 11, III. 10.

§. 23.
Von der Periode.

Die Periode im modernen Sinn unterscheidet sich von der Satzverbindung dadurch, daß diese einfach ein grammatisches Verhältnis bezeichnet, nach welchem zwei Sätze zu einem Ganzen verbunden werden, während jene eine rhetorische Form ist.

Wenn nämlich einer Satzverbindung eine fortschreitende Entwickelung des Gedankens zu Grunde liegt, die nach Inhalt und Form mit Absicht darauf ausgeht, den Nachsatz hervorzuheben und so dem Ganzen einen einheitlichen, abgerundeten Charakter zu verleihen, so nennt man dies eine Periode.

„Als Odysseus nach Hause zurückkehrte, fand er sein Haus voll Freier", ist keine Periode, da man, ohne den Sinn zu schwächen, auch die Sätze umstellen könnte, der zweite Satz also

---

[1]) Geschieht in Prosa meist nur im Anschluß an einen Nominativ, an einen anderen Kasus nur dann, wenn keine Zweideutigkeit entsteht.

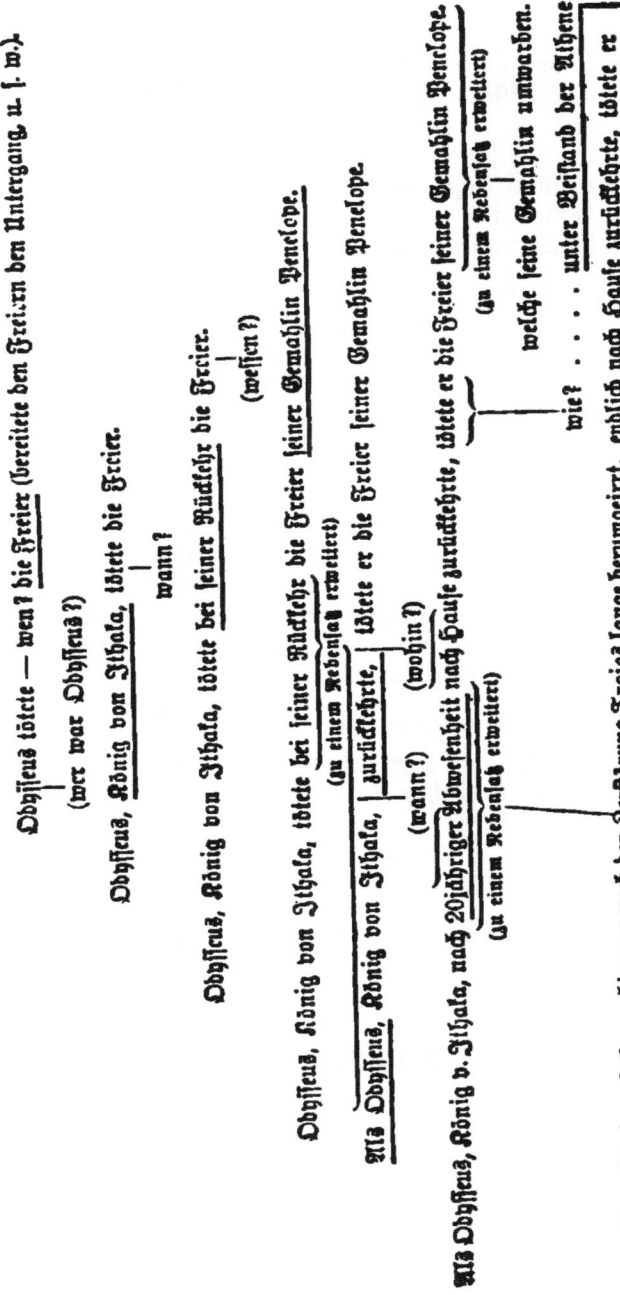

Odysseus tötete — wen? die Freier (bereitete den Freiern den Untergang, u. s. w.)

(wer war Odysseus?)

Odysseus, König von Ithaka, tötete die Freier.

wann?

Odysseus, König von Ithaka, tötete bei seiner Rückkehr die Freier.

(wessen?)

Odysseus, König von Ithaka, tötete bei seiner Rückkehr die Freier seiner Gemahlin Penelope.

Als Odysseus, König von Ithaka, tötete bei seiner Rückkehr die Freier, tötete er die Freier seiner Gemahlin Penelope.

(zu einem Nebensatz erweitert)

zurückkehrte,

(wann?) (wohin?)

Als Odysseus, König von Ithaka, nach 20jähriger Abwesenheit nach Hause zurückkehrte, tötete er die Freier seiner Gemahlin Penelope.

(zu einem Nebensatz erweitert)

welche seine Gemahlin umwarben.

wie? . . . . unter Beistand der Athene

Als Odysseus, König v. Ith., nachdem er nach der Zerstörung Trojas lange herumgeirrt, endlich nach Hause zurückkehrte, tötete er die Freier, welche seine Gemahlin Penelope umwarben, indem die Göttin Athene ihm zur Seite stand.

nicht erst durch den vorhergehenden seine volle Bedeutung erhält. Hingegen: „Als Odysseus, der so viel erduldet, nach Hause zurückkehrte, fand er noch sein Haus voll Freier" — ist eine Periode, da im Zwischensatz und in seiner Einreihung in den Vordersatz eine absichtliche Beziehung nach Inhalt und Stellung zum Nachsatz hervortritt.

Einige Beispiele von musterhaften Perioden sind:

Eine zweigliedrige, auf einem Gegensatz beruhende Periode.

Die Welt ist so leer, wenn man nur Berge, Flüsse und Städte darin denkt; — aber hier und da jemanden zu wissen, der mit uns übereinstimmt, mit dem wir auch stillschweigend fortleben: das macht uns dies Erdenrund zu einem bewohnten Garten.

Goethe.

Eine zweigliedrige, vergleichende Periode.

Wie wenn von ungefähr unter der Zurüstung ein Feuerwerk in Brand gerät und die künstlich gebohrten und gefüllten Hülsen, die, nach einem gewissen Plane geordnet und abgebrannt, prächtig abwechselnde Feuerbilder in der Luft zeichnen sollten, nunmehr unordentlich durcheinander zischen und sausen: — so gingen auch jetzt in seinem Busen Glück und Hoffnung, Wollust und Freude, Wirkliches und Geträumtes auf einmal scheiternd durcheinander.

Goethe.

Eine dreigliedrige, vergleichende Periode.

Wie es den Menschen eher gelungen ist, von den Gesetzen des Weltbaues etwas zu verstehen, als die Gesetze der Witterung einzusehen; — wie sie besser gelernt haben, Finsternisse an Sonne und Mond als Regen und Wind in unsrer Atmosphäre vorauszusagen: — so haben sie auch über den Gang der großen politischen Angelegenheiten und die Erfolge von Staatshandlungen in Hinsicht des Schicksals der Völker deutlichere Begriffe als über den Lauf und den Erfolg der Familien- und persönlichen Begebenheiten.

Garve.

Einzelne syntaktische Bemerkungen.
§. 24.
Von der Wortstellung.

„Das rechte Wort an der rechten Stelle, das ist der rechte Stil."

I. Die Hauptregel der gewöhnlichen Wortstellung im unabhängigen Satze ist, daß das Subjekt mit allen seinen Nebenbestimmungen dem Prädikat mit dessen Neben-

bestimmungen vorangeht. Dies nennt man die gerade Wort=
stellung. Im abhängigen Satz tritt, wie oben schon §. 19
gelegentlich erwähnt worden ist, das Hülfsverbum oder die
Kopula an das Ende, z. B.: Ich habe den Brief geschrieben,
aber: Er sagt, daß er den Brief geschrieben habe[1]).

II. Die umgekehrte Wortstellung (Inversion), nach welcher
das Subjekt dem Prädikat (mindestens der Kopula oder dem
Hülfsverbum) nachgesetzt wird, tritt im Hauptsatz ein: 1) in
Fragen, d. h. in Sätzen, in denen die Aussage (das Prä=
dikat) fraglich ist, z. B.: „Mein Bruder schläft"; hingegen:
„Schläft mein Bruder?" 2) beim Befehl und bei einer Bitte
oder einem Wunsche, z. B.: „Kommen Sie morgen!" „Ach,
käme er morgen!" 3) Namentlich aber wird die Inver=
sion gebraucht, um ein Satzglied oder ein Wort be=
sonders hervorzuheben, z. B.: Im Anfang schuf Gott
Himmel und Erde. — Dem Höchsten mußt du trauen. —
Den Feind müssen wir angreifen, wo wir ihn treffen.[2] —
Ferner findet die Inversion statt im Nachsatze einer Satz=
verbindung, z. B.: Als Odysseus nach Hause zurückkehrte,
fand er seine Gattin Penelope von Freiern umworben; dann
im Zwischensatz (§. 21) „Eure Rede," sagt der Herr u. s. w.,
sowie endlich, wenn das unbestimmte „es" vorangehend auf das
Subjekt hinweist, z. B.: Es liebt die Welt, das Strahlende zu
schwärzen u. s. w. — Oft soll die Inversion überhaupt nur der
Rede Lebendigkeit verleihen; so z. B. entsteht bei Zeitwörtern, die
mit trennbaren Partikeln zusammengesetzt sind, oft eine Inver=
sion dadurch, daß man die Partikel voranstellt. Statt: „Sie
schlug die Augen auf" kann man so in lebhafterer Darstellung
auch sagen: „Auf schlug sie die Augen". Die Inversion ist aber
zu vermeiden, wenn durch dieselbe irgend welche Unklarheit
entsteht. Falsch ist z. B.: „Die Franzosen haben die Preußen
und Russen geschlagen", wenn „die Franzosen" Objekt sein soll.

Im einzelnen ist noch zu bemerken:

a) Nimmt ein Verbum einen Dativ und einen
Accusativ zu sich, so steht jener in der Regel voran,

---

[1]) Eine Ausnahme davon wird nur in einem Nebensatze notwendig, in
welchem die Praeterita der Verba: können, mögen, sollen u. s. w. (§. 11,
III. 11) vorkommen; hier tritt die Wortfolge des Hauptsatzes ein; also
nicht: Weil er es nicht thun gekonnt hat, sondern: Weil er es nicht hat
thun können.

[2]) Je nach der Stellung ändert sich der Sinn, z. B. Ich sprach ihn
gestern. — Sprach ich ihn gestern? — Ihn sprach ich gestern. — Gestern
sprach ich ihn.

z. B.: Ich habe deinem Bruder das Buch gegeben. — Er lieferte dem Feinde eine Schlacht.

b) **Die Stelle der adverbialen Bestimmung wechselt nach ihrer Bedeutung.** Zunächst gehört sie hinter das Prädikat oder, wenn dies eine Kopula enthält, hinter letztere. „Er arbeitete fleißig", — „Er wallfahrtete nach Jerusalem", — „Er hat fleißig gearbeitet", — „Er ist nach Jerusalem gewallfahrtet". — **Ist im Satze ein Objekt enthalten, so steht die adverbiale Bestimmung, wenn sie einen äußeren Nebenumstand zum Prädikat hinzufügt, im allgemeinen vor dem Objekt; fügt sie aber ein innerlicheres Moment zu demselben hinzu oder soll sie mit mehr Nachdruck hervorgehoben werden, so steht sie nach dem Objekt,** z. B.: „Der Jäger hat heute einen Hasen geschossen"; hingegen: „Der Jäger hat den Hasen gut geschossen" oder: „Der Jäger hat den Hasen heute (nicht gestern) geschossen".

§. 25.
Vom Artikel.

Neben den bestimmten Artikel der, die, das tritt die Kardinalzahl ein (mit etwas modificierter Deklination) als unbestimmter Artikel.

Im einzelnen haben sich folgende Eigentümlichkeiten in betreff des Gebrauchs des Artikels entwickelt.

1. Der Name Gott behauptet sich ohne Artikel, z. B.: die Güte Gottes.
2. Der Vokativ erhält keinen Artikel, auch in der Anrede nach Herr und Frau tritt er nicht hervor, z. B.: Herr Graf.
3. Personennamen im Nominativ entbehren des Artikels; nur im vertraulichen Ton oder in Nachahmung des gewöhnlichen Lebens setzt man ihn, z. B.: der Karl hat u. s. w.; ebenso: „der Josua war doch auch ein Soldat". Im Genetiv sagt man nebeneinander: Ciceros Briefe und die Briefe des Cicero, aber im Accusativ fremder und im Dativ aller Namen gebraucht man, weil die Flexion meist geschwunden, fast immer den Artikel, z. B. dem Demosthenes den Cicero zur Seite stellen.
4. Fluß- und Bergnamen haben den Artikel (außer wo zwei miteinander verbunden sind); man spricht von dem Rhein, sagt aber: Rhein und Main fließen zusammen.
5. Namen der Länder und Städte meiden den Artikel, z. B. Deutschland, Berlin; nur einige Komposita führen den Artikel ihres letzten Substantivs, z. B. das Zillerthal, der Breisgau, außerdem die Schweiz, die Türkei, Lombardei u. a.
6. Stehende Appellative vor Eigennamen, die Würde, Amt und Geschäft bezeichnen, entbehren meist des Artikels, z. B. Kaiser Heinrich. (Über die Deklination des Titels oder Eigennamens, jenachdem der Artikel dabei steht oder nicht, s. §. 7, II. Anmerk. 2.)
7. Bei Abstrakten wie: Freude, Leid, Armut fehlt auch oft der Artikel.

8. Im Plural verschwindet oft der Artikel, wo er im Sing. notwendig ist, z. B. der Storch nistet auf dem Dache, dagegen: Störche nisten auf dem Dache. Auch bei Verbindungen mehrerer Substantiva, wie: Sommer und Winter, Berg und Thal, Haus und Hof, Sonne und Mond, Voll und Fürst, fehlt der Artikel.

9. Was den Artikel bei einem Substantiv mit attributivischem Genetiv anbetrifft, so mehrt er, jenachdem er steht oder fortbleibt, die Mannigfaltigkeit in den betr. Ausdrucksweisen. Man kann sagen: Erntezeit, Zeit der Ernte, der Ernte Zeit, die Zeit der Ernte. — In der Wahl zeigt sich oft Feinheit des Geschmacks. (Wie atmet alles rings hier [das] Gefühl der Stille. — Goethe.)

10. Es ist ein Unterschied, jenachdem das Hauptwort mit oder ohne Artikel zu einem Zeitwort gesetzt wird, z. B.: Brot essen, das Brot essen, ein Brot essen.

Folgen mehrere Substantive mit gleichem Artikel aufeinander, so braucht derselbe nur beim ersten zu stehen. „Der Sturm, Blitz und Donner waren erschrecklich". Aber bei einer durch den Wechsel des Genus eintretenden Verschiedenheit, namentlich auch in Verbindung mit Präpositionen, darf eine solche Ellipse des Artikels nicht stattfinden; z. B.: Den Teilen des menschlichen Körpers, der Lunge, dem Herzen u. s. w. In der Sorge um den Bruder, die Schwester u. s. w. Die Nachricht vom Schlachtfelde, von der Niederlage der Feinde 2c.

§. 26.
Zur Kasuslehre.

Dem Casus rectus (Nom.) stehen gegenüber die Casus obliqui (Gen., Dat., Acc.); jener ist der Kasus des Subjekts, diese gehören zunächst dem Attribut, sowie dem entfernteren und dem näheren Objekt an, treten dann aber auch im Abhängigkeitsverhältnis zu Adjektiven wie Verben auf.

I. Vom Prädikatsnominativ.

Wie bei der Kopula sein, so kann auch bei den Verben werden, heißen (genannt werden), bleiben und scheinen ein zweiter Nom. auf das Subjekt bezogen werden. Einen solchen nennt man Prädikatsnominativ, z. B.: Er blieb mein Gegner. — Sein Bruder heißt Karl. s. §. 26. IV. 3. Anm. B.

II. Vom Genetiv als Attribut und der Umschreibung desselben.

Statt des Attributs im Genetiv tritt eine Umschreibung mit einer Präposition ein, wenn die Deutlichkeit es fordert oder das Attribut in irgendeiner Weise bedeutsamer hervorgehoben werden soll. „Der Brief von meinem Bruder" statt „der Brief meines Bruders" zu sagen, läßt sich nur rechtfertigen, wenn jenes Verhältnis z. B. im

Gegensatz zu einem Briefe an den Bruder besonders hervorgehoben werden soll[1]).

Anmerk. Ein häufiger Provinzialismus, welcher
aber zu vermeiden, ist eine Ausdrucksweise wie
folgende: „Dies ist meinem Bruder sein Buch", statt
„Dies ist meines Bruders Buch".

III. Von der Rektion der Eigenschaftswörter (Adjectiva
relativa) (f. §. 18. Anm. 3).

1. Den **Genetiv** regieren: ansichtig[2]), bar, bedürftig,
beflissen, bewußt, unbewußt, eingedenk, unein-
gedenk, fähig, unfähig, froh, gewärtig, gewiß, hab-
haft, kundig, unkundig, ledig, los, mächtig, müde,
satt, schuldig, teilhaftig, überdrüssig, verdächtig,
würdig, unwürdig; dann die Participien von Verben,
welche den Gen. regieren (f. weiter unten Nr. IV. 1. a u. c).

2. Den **Dativ**: abgeneigt, abtrünnig, ähnlich, angeboren,
angehörig, angemessen, angenehm, ärgerlich, bange, be-
denklich, behaglich, behülflich, dankbar, dienlich, dienst-
bar, eigen, eigentümlich, entbehrlich, erinnerlich, er-
wünscht, gehorsam, geläufig, gemäß, getreu, gewogen,
geziemend, gleich, gleichgültig, hinderlich, hold, lieb,
nachteilig, nahe, recht, schädlich, schimpflich, schmeichelhaft,
schmerzlich, schrecklich, treu, treulos, tröstlich, überlegen, un-
ausstehlich, unerträglich, unerwartet, unlieb, unterthänig,
unvergeßlich, unverhofft, unwiderstehlich, verantwortlich,
verbindlich, verdächtig, verderblich, verdrießlich, verhaßt,
verständlich, verwandt, vorteilhaft, widerspenstig, widerwärtig,
widrig, willkommen, zugänglich, zugethan, zuträglich;
ferner alle Adj., welche von Zeitwörtern abgeleitet sind, die
den Dativ regieren (f. weiter unten Nr. IV. 2.).

3. Den **Accusativ** erfordern alle Adj., bei denen ein Maß,
Gewicht, Alter, eine Zeit, der Wert eines Dinges oder der
Preis beigefügt wird, wie: alt, breit, dick, groß, hoch,
reich, lang, schwer, tief, wert. „Er ist 10 Jahr alt".
(Adverbialer Acc.)

Anmerk. Giebt ein Adj. für sich noch keinen vollständigen Sinn (Adjectivum relativum) und soll die Er-

---

[1]) Es giebt auch Umschreibungen anderer Art, z. B. „die Kunst zu
schreiben" — die Kunst des Schreibens; die Bürger hierselbst: „die hiesigen
Bürger"; „die Reise bei Nacht" für: „die nächtliche Reise".
[2]) Die gesperrten Wörter werden zweckmäßig beim Durchnehmen durch
Beispiele erläutert.

gänzung des in demselben liegenden Begriffs nicht durch ein Hauptwort, sondern durch eine Verbalform ausgedrückt werden, so steht der Inf. mit „zu", z. B.: die Sache ist nicht leicht oder gut zu beenden. Namentlich sind dies die Adj., welche eine Möglichkeit, Leichtigkeit, Schwierigkeit, Notwendigkeit, Pflicht oder Begierde ausdrücken.

IV. Von der Rektion der Zeitwörter (s. §. 18. Anm. 3).

1. Mit dem Genetiv werden verbunden:

a) die Verba: achten, bedürfen, begehren, brauchen, gedenken, entbehren, entwöhnen, ermangeln, erwähnen, genießen, harren, pflegen, schonen, spotten, vergessen, warten; doch wird bei den meisten derselben auch ein Acc. mit oder ohne Präposition gebraucht; z. B.: Ein Held achtet der Gefahr nicht, die Gefahr nicht, auf die Gefahr nicht.

b) Die Verba: anklagen, beschuldigen, bezichtigen, entlasten, entlassen, entledigen, überführen, entheben, versichern haben die Person im Acc., die Sache im Gen. bei sich, letzteres aber auch die Person im Dativ und die Sache im Acc.

c) Desgl. tritt der Gen. zu den reflexiven Verben: sich (einer Sache) bedienen, befleißigen, begeben, bemächtigen, bemeistern, entäußern, enthalten, entledigen, entsinnen, entschlagen, entwöhnen, erbarmen, erinnern, erwehren, freuen, getrösten, rühmen, schämen, versehen, weigern.

Anmerk. Einige von diesen Verben haben auch die Sache im Acc. statt im Gen. bei sich mit den Präp. an, auf, für und ähnl., z. B. sich an einen erinnern, auf einen freuen. — Sich anmaßen hat gewöhnlich den Dativ der Person und den Acc. der Sache bei sich: ich maße mir diese Sache an.

2. Wie der Dativ beim transitiven Verbum das entferntere Objekt bezeichnet, so drückt er auch beim intransitiven Zeitwort, obgleich dieses kein leidendes Objekt bei sich hat, doch diejenige Person aus, die von dem Verbum in irgend einer Weise berührt wird. So steht ein Dativ bei den Zeitwörtern:

a) begegnen, danken, dienen, drohen, fluchen, folgen, gehorchen, helfen, huldigen, lächeln, leuchten, lohnen, nachahmen[1]), nachäffen, nachdenken, nacheifern,

---

[1]) Dat. der Person, aber stets Acc. der Sache.

nachgehen, nachsehen, nützen, schaden, schmeicheln,
steuern, trauen (Zutrauen haben), trotzen, versichern,
(Acc. der Sache, Dat. der Pers.) vergeben (verzeihen), vor-
beugen, wahrsagen, weichen, widersprechen, willfahren,
winken, zuhören, zurufen, zuvorkommen, desgl. auch bei allen
intrans. mit: ab, an, auf, bei, ein, entgegen, nach, unter,
vor, wider und zu zusammengesetzten Verben.

Anmerk. Von diesen Verben kann zwar, da sie intransitiv
sind, kein vollständiges persönliches Passiv gebildet werden
(s. oben §. 11 z. Anfang), wohl aber die 3. Pers. Sing. mit
dem unbestimmten es, z. B.: es wird mir getrotzt.

b) Ferner steht ein Dativ bei den Zeitwörtern: ähneln, an-
stehen, bleiben, entgehen, entfallen, entfliehen, entsagen,
erliegen, erscheinen, fehlen, gefallen, gelingen, ge-
nügen, gleichen, glücken, mangeln, mißfallen,
nahen, passen, scheinen, schmecken, widerfahren, ziemen,
welche sich von den unter a. erwähnten dadurch unterscheiden, daß auch die 3. Pers. des Pass. meist nicht von
ihnen gebildet werden kann.

Anmerk. Sobald diese und ähnliche Verba mit der Vorsatz-
silbe „be" verbunden werden, regieren sie den Acc. „Ich
folge deinem Rate", aber „ich befolge deinen Rat". — „Ich
lohne es dir", aber „Ich belohne dich". — „Es genügt
mir", aber „Ich begnüge mich". — Eine Ausnahme machen
hiervon: befehlen und begegnen, die nur den Dativ der
Person bei sich haben[1]).

c) Bei den reflexiven: sich anmaßen, sich ausbedingen, sich ein-
bilden, sich zutrauen, sich vornehmen, sich vorstellen ist das
„sich" ebenfalls der Dativ. („Ich bilde mir ein".)

d) Endlich steht der Dativ bei den meist unpersönlich gebrauchten
Verben: es ahnt mir, es begegnet, bekommt, gebricht, ge-
ziemt, steht u. a. m. Bei „es dünkt", „deucht", „ekelt",
„kommt an", „grauet", „kostet" steht der Dat. oder Acc.

3. Der Acc. bezeichnet bei allen transit. Zeitwörtern die
leidende Person oder Sache, welche bei Verwandlung des

[1]) Nur im Hofstil und in analogen Verhältnissen wird (schon seit d.
17. Jahrh.) befehlen mit dem Acc. = commander gebraucht: z. B. „Die
Räte wurden vorgestellt und zur Tafel befohlen". — Die „befohlene Mann-
schaft" schreibt auch Lessing.

Satzes in eine passive Konstruktion zum Subjekt wird (s. §. 11 zu Anfang).

Anmerk. A. Außer der großen Masse transitiver Verba ist besonders zu merken, daß mit **einem** Acc. verbunden werden:

a) auch die meisten reflexiven Verba (mit Ausnahme der oben unter 2 c angegebenen), z. B. ich schäme mich, ich freue mich; desgl.

b) viele unpersönliche Verba, die eine thätliche Bedeutung haben, z. B.: es betrifft, dauert (es thut mir leid), freut, wundert mich, kleidet mich (aber auch mir) u. s. w. Über „es dünkt" und „es deucht" s. oben Nr. 2 d.

Anmerk. B. Zu dem Objekts-Accusativ gesellt sich noch ein Prädikats-Accusativ bei den Verben: nennen, heißen[1]), schelten, schimpfen, taufen, der bei der Verwandlung in das Passiv einen Prädikats-Nominativ abgiebt (s. oben Nr. I.); z. B.: Er nannte, taufte ihn Heinrich. — Er wurde Heinrich genannt[2]).

Anmerk. C. Wie der Prädikats-Accusativ eine adverbiale Bestimmung vertritt, so giebt es auch noch einen eigenen adverbialen Accusativ, der aber bei der Verwandlung in das Passiv unverändert bleibt. Derselbe steht:

a) zur näheren Ausführung der Handlung bei transitiven Verben meist nur neben dem Objekts-Accusativ, z. B.: Er führte mich diesen Weg. (Ich wurde diesen Weg von ihm geführt.)

b) bei intransitiven Verben, entsprechend dem adverbialen Accusativ bei Adjektiven (s. oben III. 3. Anm. 2), auf die Frage: wie lange? u. dergl.; z. B.: Viele Tiere leben nur einen Tag. Er kränkelte den ganzen Sommer[3]).

V. Hauptsächlich entwickeln sich die obliquen Kasus in Verbindung mit Präpositionen (s. oben §. 13).

VI. Als absoluten Kasus verwendet das Deutsche in bestimmten Redensarten den Gen., z. B. eilenden Laufs, verhängten Zügels. Auch der Acc. wird häufig in Schilderungen so gebraucht, z. B.: Er stand da, die Hand auf den Tisch gestützt.

---

[1]) Z. B.: „Einen seinen Freund heißen", ebenso mit dem Acc. in der Bedeutung von „befehlen", wenn ein Inf. dabei steht, sonst mit dem Dativ der Person und dem Acc. der Sache. „Er hieß ihn kommen", aber „Wer hat dir das geheißen?". — Ähnlich „er ließ mich den Brief lesen", „er ließ mich sagen"; in anderem Sinne „er ließ mir sagen".

[2]) Auch lehren hat einen doppelten Acc. bei sich, z. B.: „Ich lehre dich das Flötenspiel", jedoch auch: „Ich lehre dir das Flötenspiel". Kommt aber ein Infinitiv hinzu, so steht nur der Acc., z. B.: „Ich lehre dich gehen".

[3]) Zwischen Objekt und adv. Bestimmung steht der Acc. in Wendungen wie „den letzten Schlaf schlafen", „einen guten Kampf kämpfen", „Freude atmen", „Wut schnauben", „Schritt gehen".

§. 27.
Zur Moduslehre.

Die Modi sind: der Indikativ, Konjunktiv, Imperativ[1]), Infinitiv und das Participium.

I. Der Imperativ erscheint nur im unabhängigen, der Indikativ und Konjunktiv im unabhängigen wie abhängigen Satze.

II. Im allgemeinen ist zunächst der Indikativ der Modus der unabhängigen Rede, indem er etwas als wirklich hinstellt. Der Konjunktiv findet sich in derselben nur in folgenden Beziehungen:

1. als sogenannter Potentialis, um ein Urteil in milderer Form als eine bloße Möglichkeit zu bezeichnen oder als eine Vermutung auszusprechen, z. B. die Sache könnte auch anders sein.
2. als Wunsch, sogen. Optativ: ich wollte! Gott hüte dich!
3. befehlend: Der Posten achte auf alles! (Hortativus).
4. einräumend: Dem sei, wie ihm wolle! (Concessivus).
5. zweifelnd (dubitativ): Wo wäre der zu finden? u. s. w.
6. konditional (mit entsprechendem Nebensatz): Ich ginge gern auf Reisen, wenn . . .

In abhängigen Sätzen gebraucht man den Indikativ oder Konjunktiv, jenachdem auch hier die Aussage ohne Unsicherheit und Zweifel als wirklich hingestellt werden soll oder nicht; so nach den Konjunktionen: daß, damit, obwohl u. s. w., z. B.: Ich höre, daß er kommt, und: daß er komme. — Ich wartete, bis er kam, und: bis er käme[2]).

Namentlich folgt der Konjunktiv:

1. nach den Zeitwörtern, die ein Bitten, Befehlen, Ermahnen, Raten, Scheinen, Wollen, Hoffen, Meinen, Zweifeln, Fürchten u. s. w. bedeuten, wobei meist ein ungewisser Erfolg zu denken, z. B.: Er bat mich, daß ich ihm schreiben möchte;
2. im konditionalen (oder hypothetischen) Nebensatz, sowie in dem entsprechenden Hauptsatz (s. oben II. 6.). Ich ginge gern auf Reisen, wenn ich nur die Mittel dazu hätte.

---

[1]) Der Indikativ stellt eine Behauptung oder ein Urteil als wirklich hin, der Konjunktiv als möglich und ungewiß, der Imperativ als notwendig. Die Formen dieser drei Modi bilden das verbum finitum.

[2]) Auf demselben Grundsatze beruht auch im Lateinischen und Französischen vielfach der Unterschied im Gebrauch des Indikativ oder Konjunktiv nach Konjunktionen, im Französischen z. B. nach jusqu'à ce que.

3. In allen Sätzen einer indirekten Rede, z. B.: „Der Vater sagt, er verreist heute und kommt morgen wieder", ist nachlässiger Stil; es muß heißen: „er verreise heute und werde morgen wieder kommen" (f. Anh. III., bes. Nr. 5 über die sogen. Tempusverschiebung des Konj.).

III. Der Imperativ dient nicht bloß zum Befehlen und Verbieten, sondern auch zum Bitten, Raten, Belehren u. f. w. Die 1. Perf. Plur. wird gewöhnlich durch lassen oder wollen umschrieben. (Laßt uns gehen! oder: wir wollen gehen.)

Anmerk. Statt des Imperativs wird auch wohl das II. Participium gebraucht, z. B.: Stillgestanden! Achtung gegeben!

IV. Der Infinitiv kann zuweilen durch eine Art Ellipse ganz unabhängig stehen, z. B.: Du uns predigen! — Ihr den Text uns lesen! — Sonst hängt derselbe, insofern er nicht substantivisch gebraucht wird, von einem Verbum ab. Besonders erscheint er so bei den Hülfswörtern: werden, dürfen, können, lassen, mögen, müssen, sollen und wollen, sowie bei: heißen (d. h. befehlen), helfen, hören, sehen, lehren und lernen, z. B.: laß stehen, lehre lesen, lerne schreiben (f. oben §. 11. III. 11). Früher dehnte sich dieser Gebrauch auch noch auf einige andere Zeitwörter aus, wie einzelne Redensarten, die sich erhalten haben, zeigen, z. B.: schlafen, spazieren, betteln gehn; wir wollen gehn Trauben holen und ähnliches. Abgesehen von den angeführten Fällen wird der Infinitiv mit der Präposition „zu" („um zu") oder bei einer Verneinung mit „ohne zu" angereiht[1]).

V. Was die Bedeutung der Participien anbetrifft, so hat das sogen. 1. Part. auf — end nur aktive Bedeutung, also nicht: „eine wohlschlafende Nacht", wohl aber: „ein liebender Freund". — Das 2. Part. (auf — et oder en) hat, für sich gebraucht, bei transitiven Verben nur passive Bedeutung, nämlich die eines Part. Perf. des Passivs. Man kann also nicht sagen: „Er hatte sich ungegessen niedergelegt", wohl aber: „die gegessenen Früchte". Die Bedeutung eines Part. Perf. des Aktivs gewinnt das 2. Part. nur bei intransitiven Zeitwörtern, die mit „sein"

---

[1]) Das Subjekt des Infinitiv ist entweder 1) das regierende Subjekt (stets bei den Sätzen mit „um zu" und „ohne zu") oder 2) ein von dem regierenden Verbum abhängiges Nomen oder Pronomen, z. B.: „Er rief mir zu kommen", oder 3) es bleibt unbestimmt. Diese letzte Form kann aber nur angewandt werden, wo eine Beziehung der anderen Art durch den Sinn ausgeschlossen ist.

konjugiert werden, z. B.: „eine verwelkte Rose", aber nicht: „die geschienene Sonne", „ein geschlafener Freund" [1]).

§. 28.
Von den Temporibus.

Das erzählende Tempus im Deutschen ist das Imperfectum [2]). Der lebhafteren Darstellung halber kann man aber auch im Präsens erzählen (Praesens historicum), doch ist dies maßvoll anzuwenden [3]). Ebenso darf das Präsens auch für das Futurum stehen [4]), z. B.: „Morgen ziehen wir weiter" für „werden wir u. s. w." (selbst sogar für den Imperativ).

Was die Consecutio temporum, d. h. die Aufeinanderfolge der Zeiten des Haupt- u. Nebensatzes anbetrifft, so stellen sich zu einander:

I. die Haupttempora:	II. die Nebentempora:
Präsens,	Imperfectum (Praeteritum),
Perfectum und	Plusquamperfectum und
Futurum I.	Futurum II.

und es muß ein besonderer Grund vorhanden sein, wenn davon abgewichen wird. Nach der Regel heißt es also:

Ich stehe ihm bei, weil er mir beisteht oder beigestanden hat (nicht: beistand) [5]);

Ich lobe ihn, weil er es verdient oder verdient hat (nicht: verdiente); hingegen:

Ich stand ihm bei, weil er mir beistand oder beigestanden hatte (nicht: beigestanden hat); [6])

Ich lobte ihn, weil er es verdiente oder verdient hatte (nicht: verdient hat).

Dasselbe Gesetz gilt auch im allgemeinen beim Konjunktiv, z. B.: Der Bote meldet, daß er ihn aufgesucht, aber nicht getroffen habe, hingegen: Der Bote meldete,

---

[1]) Als Abweichungen von dem gewöhnlichen Gebrauch des II. Part. sind zu merken: ein gedienter Soldat, ein Bedienter, eine betrübte Nachricht und ähnl.; ebenso auch: der König, gefolgt von den Ministern.

[2]) „Ich söhnte mich mit ihm aus" ist Erzählung (einfaches Präteritum); „Ich habe mich mit ihm ausgesöhnt" vollendete Thatsache, die noch fortdauert.

[3]) Volkstümlich ist, aber nicht schriftgemäß, im Futurum zu erzählen, z. B. „Da wird er den Stock heben" u. s. w.

[4]) Ebenso statt des schwerfälligen Fut. II das Perf.: „Ich werde dir den Brief geben, wenn ich ihn gelesen habe", statt „gelesen haben werde".

[5]) „Ich stehe ihm bei, weil er mir beistand" setzt noch einen näheren Zusatz, z. B. „damals" oder einen Satz mit „als" voraus. Umgekehrt: Ich stand ihm bei, weil er mir beisteht (nämlich immer).

daß er ihn aufgesucht, aber nicht getroffen hätte. — Er wird ihn bitten, daß er ihm schreibe.

Doch steht nach einem Nebentempus ein Konjunktiv der Haupttempora, wenn das in demselben Ausgesagte erst noch geschehen soll, z. B.: „Die Römer schickten den Scipio nach Afrika, damit er den Feind dort bekriege." Ebenso steht umgekehrt nach einem Haupttempus zuweilen der Konjunktiv eines Nebentempus, nach einem Präsens z. B., wenn das im Konjunktiv Ausgesagte nicht der Fall, überhaupt unmöglich ist, wie in dem Satze: „Er stellt sich, als wäre er krank"; nach einem Perfektum gleichfalls, wenn das im Konjunktiv Ausgesagte als ein Gedanke des handelnden Subjekts im regierenden Satze hingestellt werden soll, z. B.: Er hat einen Brief geschrieben, der ihm alles erzählen sollte.

§. 29.
Von einigen üblichen Ellipsen.

Nur Wörter, aus deren Abwesenheit keine Undeutlichkeit entsteht und die jeder von selbst ergänzt, können ausgelassen werden.

Die gewöhnlichen Ellipsen sind folgende:

I. Das Verbum sein fehlt oft in sprichwörtlichen oder stehenden Redensarten, wie: Ende gut, alles gut. — Gott (sei) mit uns! — Friede auf Erden! u. s. w.

II. Eine Ellipse des 2. Part. ist eingetreten in Folgendem: „Sie sind über Land (gegangen)". — „Doch dieses unter uns (gesagt)" u. dergl. „Das Lied ist aus (gesungen)".

III. Eine Ellipse des Infinitiv findet statt in Wendungen, wie: Wozu soll mir das (nützen)? — Was soll ich damit (thun)?

IV. Ein Hauptsatz ist ausgelassen, wenn ein Satz mit daß für einen Imperativ steht, z. B.: Daß du nicht fällst = fall nicht. (Sieh dich vor, daß du nicht fällst); oder sobald ein Bedingungssatz die Bedeutung eines Wunsches erhält, z. B. Wenn doch dein Bruder käme (so würde ich mich freuen)! — Umgekehrt kann auch ein Nebensatz ausgelassen werden, z. B.: Ich würde dies nicht thun (wenn ich an deiner Stelle wäre).

V. Die Ellipse des Wortes sprechen (z. B.: Also der Greis) ist dem Lateinischen und Griechischen nachgeahmt und erst in neuerer Zeit üblich geworden.

VI. Was die Ellipse der Hülfsverba anbetrifft, so gilt darüber Folgendes:

1. Werden mehrere Verba, die dasselbe Hülfsverbum haben, aneinandergereiht, so darf dies nur

4*

einmal stehen; verlangen die Verba aber verschiedene Hülfsverba, so müssen diese ausgedrückt werden, z. B. Er hat gescherzt und gelacht und ist dann eingeschlafen[1]).

2. Im Relativ-Satze ist es gestattet, die dem
Participium unmittelbar folgenden Präsentia
und Imperfecta der Hülfszeitwörter „sein"
und „haben", wenn keine Unbestimmtheit entsteht, fortzulassen; doch ist von dieser Freiheit mäßi-
ger Gebrauch zu machen, z. B.: Das Buch, welches du
mir geschenkt (hast), ist schön. — Über die Ellipse als
Redefigur siehe Anhang I. 2. B. b.

---

[1]) Analog ist dieser Ellipse, wenn bei zusammengesetzten Wörtern, deren
letzter Teil gleich ist, dieser nur einmal und zwar beim letzten Worte ange-
fügt wird, z. B.: grund- und bodenlos; Auf- und Niedergang. Es ist dies
eine Art Abkürzung, wie derartige §. 4, III. behandelt sind. Hierher gehört
auch, wenn bei Antworten die Frage ihrer Konstruktion noch ergänzt wird,
z. B. S 19, unten Anm. 3.

Anhang.

I.
Von den Redefiguren.

Unter Redefigur versteht man jede Abweichung von der gewöhnlichen Form des Ausdrucks (oratio arte novata), um demselben eine besondere Lebendigkeit oder Anschaulichkeit zu geben. Die gewöhnlichsten Formen sind: 1. die Lautfiguren, 2. die Wortfiguren, 3. die Begriffsfiguren, 4. die syntaktischen und Satzfiguren.

1. Die Lautfiguren.
A. Die Lautbilder

oder die **Onomatopöie** d. h. die Nachahmung des Inhalts durch den Schall.

a) Durch Interjektionen. „Pick! sticht's ihm in die Hand, Puff! geht der ganze Schuß daneben." (Michaelis, Taube und Biene.) — „Und draußen — horch! — ging's: Trapp, trapp, trapp, als wie von Rosseshufen;" — „Und das Gesindel — husch, husch, husch! Kam hinten nachgerasselt." — „Und hurre, hurre, hopp, hopp, hopp, ging's fort im sausenden Galopp." (Bürger.)

b) Durch andere Wörter. „Und hohler und hohler hört man's heulen." — Oft erstreckt sich die Onomatopöie auch auf ganze Sätze: „Die Werke klappern Nacht und Tag, Im Takte pocht der Hämmer Schlag." (Schiller.)

B. Figuren des Gleichklangs und der Euphonie.

a) **Assonanz** ist der Gleichklang betonter Silben im Inlaut: „Laut mischte sich in der Posaunen Ton das jauchzende Rufen der Menge." (Schiller.)

b) **Allitteration** ist der Gleichklang betonter Silben im Anlaut: „mit **M**ann und **M**aus untergehen"; — „**H**aus und **H**of verlassen" [1]). — Dieselbe wird oft geschickt namentlich in poetischer Rede angewandt: „Und **h**ohler und **h**ohler hört man's **h**eulen." (Schiller.) — **W**onne **w**eht von Thal und Hügel, **W**eht von Flur und **W**iesenplan, **W**eht vom stillen **W**asserspiegel, **W**onne **w**eht mit **w**eichem Flügel Des Piloten **W**ange an." (Bürger.) S. Anhang II. 1. C.

c) **Reim** ist der Gleichklang von Silben in betreff In- und Auslaut (s. über denselben das Nähere in der Metrik S. 73 f.): „Eigener **Herd** ist Goldes **wert**." „Einen Fund ver**hehlen**, ist so gut als **stehlen**." — Zuweilen tritt Reim und Assonanz in besonderer Weise nebeneinander auf, z. B.:

> „So hab' ich wirklich Dich verl**o**ren?
> Bist Du, o Schöne, mir entfl**o**hn?
> No**ch** klingt in den gewohnten O**hren**
> Ein jedes W**ort**, ein jeder T**on**."   (Goethe.)

„Pfosten stürzen, Fenster klirren,   Unter Trümmern,
Kinder jammern, Mütter irren,   Alles rennet, rettet, flüchtet,
Tiere wimmern   Taghell ist die Nacht gelichtet."
                                (Schiller.)

d) **Die Annominatio** oder die mannigfache Anwendung gleicher Wörter oder Wörter desselben Stammes, z. B. „In der Reihe des Möglichen ist alles Mögliche möglich." — „Dem Friedlichen gewährt man gern den Frieden." (Schiller.) „Wildherzige Reiter schlagen die Schlacht." (Körner, Lützows wilde Jagd.)

e) **Die Parechese** oder das Klangspiel mit ähnlich klingenden Wörtern: „Der Rheinstrom ist worden zu einem Peinstrom, Die Klöster sind ausgenommene Nester, Die Bistümer sind verwandelt in Wüsttümer, Die Abteien und Stifter sind nun Raubteien und Diebesklüfter." (Schiller.)

2. Die Wortfiguren.

A. Durch Wiederholung desselben Worts entsteht zunächst: Geminatio, Anaphora, Epiphora und Symploke.

a) **Geminatio** ist die Wiederholung desselben Wortes

---

[1]) Sensim sine sensu aetas senescit.

in unmittelbarer Aufeinanderfolge: „Stehe, stehe —
Denn wir haben — Deiner Gaben — Vollgemessen." (Goethe.)[1]
   b) **Anaphora** oder repetitio ist die Wiederholung desselben
Worts zu Anfang mehrerer beigeordneter und dicht
aufeinander folgender Sätze: „Gegrüßet seid mir, edle
Herr'n, Gegrüßt ihr, schöne Damen!" (Goethe.) — „Und immer
höher schwoll die Flut, Und immer lauter schnob der Wind,
Und immer tiefer sank der Mut." (Bürger.) — „Blickte
nach dem Fenster drüben, Blickte Stunden lang." (Schiller.)[2]
   c) **Epiphora** ist die Wiederholung desselben Worts am
Ende mehrerer beigeordneter Sätze (selten). „Vielleicht
vor wenig Tagen noch, heut nicht mehr, Seit der Sesin ge-
fangen sitzt, nicht mehr." (Schiller, Wallenstein.) — „Laß
mich weinen, An deinem Herzen heiße Thränen weinen,
Du einz'ger Freund." (Schiller, Don Carlos.)[3] — Im Ghasel
wird diese Figur kunstvoll ausgebildet, s. Anhang II. 1. unter
Ghasel.
   d) **Die Symploke** zeigt dasselbe Wort α) zu Anfang und am
Ende: „Lebt wohl, ihr Berge, ihr geliebten Triften, Ihr
traulich stillen Thäler, lebet wohl! (Schiller, Jungfr. v. Orl.)
„Endlos unter mir seh' ich den Äther, über mir endlos."
(Schiller, Spaziergang.) β) zu Ende des vorhergehenden und
am Anfang des folgenden Satzes (Anadiplosis): „Ja, Sire, wir
waren Brüder, Brüder durch ein edler Band, als die Natur
es schmiedet." — „Sein schöner Lebenslauf war Liebe; Liebe
für mich sein großer, schöner Tod." (Schiller, Don Carlos.)
„Spinnt er Verrat, Verrat trennt alle Bande." (Schiller,
Wallenstein.)[4]
   Hierzu stellt sich auch:
   e) **Das Polysyndeton**, d. h. die sich häufende Verbindung
von koordinierenden Konjunktionen[5]): „Und es wallet und
siedet und brauset und zischt." (Schiller.) — „Die Lenzge-
stalt der Natur ist doch schön! Und der Wald hat Blätter,

---

[1] Crux, crux, inquam, misero et aerumnoso comparabatur. Cic.
in Verr. 5, 62.
[2] Tantus pavor, tanta trepidatio fuit, quanta si urbem, non
castra hostes obsiderent. Liv. 3, 26.
[3] Poenos populus Romanus justitia vicit, armis vicit, libera-
litate vicit Auct. ad. Her. 4, 13.
[4] Hic tamen vivit; vivit? immo vero etiam in senatum venit.
Cic. Cat. I. 2.
[5] Et inimico proderas, et amicum laedebas, et tibi ipsi non con-
sulebas. Auct. ad Her. 4, 19.

und der Vogel singt, und die Saat hat Ähren u. s. w." — „Als ich
den Bogenstrang anzog, Als mir die Hand erzitterte, Als du
mit grausam teuflischer Lust Mich zwangst aufs Haupt des Kindes anzulegen, Als ich ohnmächtig flehend rang vor dir: —
Damals gelobt ich mir in meinem Innern." (Schiller, Tell.)

B.   Durch die Weglassung von Worten entsteht:
a) Das Asyndeton, der Gegensatz des Polysyndeton, nämlich die Weglassung von koordinierenden Konjunktionen[1]).
„Der König sprach's, der Page lief, — Der Knabe kam, der König
rief: — Laßt mir herein den Alten." (Goethe.)

b) Die Ellipse, d. h. die rhetorische, welche durch
Weglassung bestimmter Worte den Sinn zu einem eigentümlich gesteigerten Ausdruck bringt (oratio arte novata),
während die grammatische Ellipse meist nur das Schleppende
des Stils beseitigen will und dem Sprachgebrauch angehört.
„Den einen Sieg noch, — und der Feind liegt nieder."
(Schiller.) „Der Reichsfeind an den Grenzen — Meister
schon — Vom Donaustrom — Stets weiter um sich
greifend, — Im innern Land des Aufruhrs Feuer-
glocke." (Schiller.)

3.   Die Begriffsfiguren
oder die eigentlichen Tropen.

A. Durch Vertauschung von Begriffen, die zu einander
in einer gewissen Beziehung sich befinden, entsteht:
a) Die Metonymie, d. h. die Vertretung eines Begriffs
durch einen andern, welcher mit ihm in dem Verhältnis der
Abhängigkeit oder Bedingtheit oder auch nur in räum-
licher oder zeitlicher Beziehung steht.

So steht namentlich 1. die Ursache für die Wirkung.
„Und die Speicher vom Segen gebogen." (Schiller.) (Segen statt
Überfluß.) — „Des Landmanns Fleiß (d. h. die Wirkung des
Fleißes, die grünenden Felder) zertritt der Rosse Huf." (Schiller.)
2. Die Wirkung für die Ursache: „Schenkt mir Mut
und Feuer ein." (Hoffmann v. Fallersleben, Trinklied.)
3. Das Werkzeug oder Mittel für das Werk oder das
Ausgeführte: „Der Degen hat den Kaiser arm gemacht,
Der Pflug ist's, der ihn wieder stärken soll." (Schiller.) (Statt
„Krieg" resp. „Frieden".) — So auch der Hervorbringer

---

[1]) Haec ipsa sunt honorabilia, quae videntur levia atque communia,
salutari, appeti, decedi, assurgi, deduci, reduci, consuli. Cic. Cato m. 18.

felbſt ſtatt des Hervorgebrachten: „Der Herbſt (die Früchte des Herbſtes) iſt nicht mehr mein." (Schiller, Teilung.) Ebenſo bei den Lateinern Vulkanus für „Feuer", Ceres für „Brot".

4. Der Stoff ſtatt der daraus gefertigten Sache, oder die äußere Form ſtatt des Inhalts: Das „Blei", das „Eiſen" ſtatt „Kugeln" und „Waffen". „Und den Mordſtahl (Dolch) ſeh' ich blinken." (Schiller.) — Ähnlich dann „Herz" für „Mut", „Arm" für „Kraft". — Ferner: „Haus" für „Familie", „Stadt" für „Bürger" z. B.: „Die halbe Stadt lobt ihre (der Nachtigall) Lieder". (Gellert.)

5. Das äußere Zeichen für die Sache: „Die ſchwarz= weiße Fahne" für „Preußen"; „Toga" für „Frieden" u. dergl. mehr.

b) Die Synekdoche, d. h. die Trope, durch welche der Teil für das Ganze (pars pro toto), das Individuum oder die Art für die Gattung, dann auch umgekehrt die Gattung für die Art, das Allgemeine für das Beſondere, das Ab= ſtraktum für das Konkretum ſteht: „Und ſieh', es fehlt kein teures Haupt." (Schiller.) „Ich habe ſeine Schwelle nicht betreten; — ſein Angeſicht nicht geſehen." — „Keines Me= dicäers Güte lächelte der deutſchen Kunſt." — (Schiller, die deutſche Muſe.) „Als du mit Feuer und Schwert (Waffen) durch Deutſchlands Kreiſe zogſt." — „Dann ſteigt der ganze Himmel zu dir nieder" (d. h. die Freuden des Himmels). — „Da zerret an der Glocke Strängen der Aufruhr (Abstractum pro Concreto), daß ſie heulend ſchallt." (Schiller.) — „Die Roſen ihrer Wangen" ſtatt „Röte" (Concretum pro Abstracto).

B. Durch Vertauſchung ähnlicher Begriffe, d. h. ſolcher, die in gewiſſen Merkmalen übereinſtimmen, entſteht:

a) Das Simile oder Gleichnis, welches einen bekannten Gegenſtand oder eine bekannte Thatſache, womit der darzu= ſtellende Begriff oder Gedanke eine Ähnlichkeit hat, zur Charakteriſtik des Weſens oder Inhalts jenes herbei= zieht. Die Übereinſtimmung in den einzelnen Teilen iſt eine notwendige Bedingung für eine geſchickte Anwendung, z. B.: „Unſere Leidenſchaften ſind Phönixe; wie der alte verbrennt, ſteigt der neue ſogleich wieder aus der Aſche hervor." (Goethe.)

b) Die Komparation oder Zuſammenſtellung unter= ſcheidet ſich dadurch vom Gleichnis, daß ſie ein vollſtändig ausgemaltes Bild der Vergleichung halber ausführt, z. B.: „Wie der Bienen dunkelnde Geſchwader — Den Korb umſchwärmen in des Sommers Tage, — Wie aus geſchwärzter

Luft die Heuschreckwolke — Herunterfällt und meilenlang die Felder — Bedeckt in unabsehbarem Gewimmel: — So goß sich eine Kriegeswolke aus — Von Völkern über Orleans Gefilde, — Und von der Sprache unverständlichem — Gemisch verworren dumpf erbraust das Lager." (Schiller.)

c) Die **Metapher** setzt unmittelbar an die Stelle eines abstrakten Begriffs ein sinnliches, jedem bekanntes Bild. Diese Darstellung ist so tief in der Sprache begründet und so allgemein, daß der Redende sich derselben oft gar nicht bewußt ist. Wenn man vom Fuß des Berges, dem Feuer und Fluß der Rede spricht oder erröten anstatt „sich schämen", erblassen statt „erschrecken" sagt, denkt man fast gar nicht daran, daß man nur in Metaphern spricht. Von diesen in der Sprache eingebürgerten Ausdrucksweisen unterscheidet sich die Figur der Metapher als eine besondere Wandlung des Ausdrucks nach obigem Sinne in einem speciellen Falle (oratio arte novata). Die Metapher ist die vorzüglichste aller Tropen, und dieser Name wird daher speciell von ihr gebraucht, so daß „tropisch" und „metaphorisch" als gleichbedeutend gilt.

Die **Metapher** hat mehrere Grade der Ausbildung.

1. Der niedrigste Grad drückt nur eine Bestimmung des darzustellenden Gegenstandes bildlich aus. „Die blühende Jungfrau". — „Das Steuer der Regierung."

2. Der zweite Grad vereinigt mehrere Satzglieder zu einem Bilde: „Als er die Geißel schwang über alle Länder u. s. w."

3. Der dritte Grad führt das Bild in allen Teilen der Periode durch, so daß geradezu eine Art Personifikation entsteht[1]): „Der Morgen kam, es scheuchten seine Tritte — Den leisen Schlaf, der mich gelind umfing". (Goethe, Zueignung.)

4. Der vierte Grad ist die **Allegorie**, welche das Bild nicht im allgemeinen andeutet, sondern selbständig im einzelnen ausführt. Sie ist oft so ausgedehnt und in den Einzelheiten

---

[1]) Wie Geschmack in der Wahl der Metapher walten muß, so muß sie auch geschickt eingeleitet und durchgeführt werden, wenn sie entsprechend wirken soll. Übrigens darf man im allgemeinen nicht aus einer Metapher in die andere überspringen; eine Ausnahme ist nur gestattet, wo erregte Leidenschaft zum Ausdruck kommt und die Bilder der Phantasie sich jagen.

durchgeführt, daß sie große dichterische Partien bildet. — „Schön ist der Friede! Ein lieblicher Knabe — Liegt er gelagert am ruhigen Bach, — Und die hüpfenden Lämmer grasen — Lustig um ihn auf dem sonnigen Rasen; — Süßes Tönen entlockt er der Flöte, — Und das Echo des Berges wird wach, — Oder im Schimmer der Abendröte — Wiegt ihn in Schlummer der murmelnde Bach." (Schiller.) Zur Allegorie stellt sich

5. die Art der Metapher, welche man **Personifikation** nennt, d. h. die Darstellung eines leblosen Dinges, eines abstrakten Begriffs als „Person", z. B. „Das Vaterland ruft"; „die Ehre verbietet"; „der Arm der Gerechtigkeit"; „die Freiheit hat ihre Fahne entfaltet"; — „Tannenbaum mit grünen Fingern pocht an's nied're Fensterlein, Und der Mond, der stille Lauscher, Wirft sein goldnes Licht hinein." (Heine.) — „Vor den Thoren gefesselt — Liege des Streits schlangen- haariges Scheusal." (Schiller.)

d) Die **Allusion** (Anspielung) bezeichnet durch die Heran- ziehung bekannter Sachen, Personen und Thatsachen indirekt, also bildlich, einen allgemeinen Begriff. Solche Anspielungen sind bereits in manchen stehenden Bezeichnungen enthalten, wie in: Hiobspost, Uriasbrief, Heloten. Weitere Beispiele sind: „Das ist ein Danaer-Geschenk." — Mit dieser lakonischen Antwort wurden wir abgespeist. — Hier galt es den Knoten zu zerhauen. — Solch' eine vandalische Wirtschaft mußte jeden Kunstfreund empören. — Eine Art Gegensatz zur Allu- sion ist

e) die **Emphase**, welche einem Wort von allgemeiner Bedeutung durch den Nachdruck, den sie demselben giebt, indirekt eine specielle Bedeutung verleiht. Der Leser wird aufgefordert, sich die ganze Summe aller in demselben lie- genden Bestimmungen zu vergegenwärtigen und so statt des gewöhnlichen Begriffs einen volleren, prägnanteren darunter zu verstehen[1]). „Er war ein Mann, im vollsten Sinn des Worts." — „Werden Sie von Millionen Königen ein König." (Schiller.)

C. **Vertauschungen von Begriffen in Beziehung auf das Maß.**

a) Die **Hyperbel** ist die Übertreibung ins Große (resp. ins Kleine). „Bis zum Himmel spritzet der dampfende

---

[1]) In allgemeinerer Bedeutung bezeichnet **Emphase** (emphatisch) über- haupt den Nachdruck, der auf eine Darstellung gelegt wird.

Gischt". (Schiller.) „Setz' dir Perücken auf von Millionen Locken, Setz' beinen Fuß auf ellenhohe Socken, Du bleibst doch immer, was du bist." (Goethe, Faust.) Besonders häufig ist die Hyperbel in volkstümlicher Redeweise: „Es dauert keinen Augenblick"; „Das dauert ja eine ganze Ewigkeit"; „Er kommt nicht von der Stelle", „Er schleicht wie eine Schnecke", „Er hört das Gras wachsen" u. s. w.

b) Litotes ist die Hervorhebung eines Begriffs durch Verneinung des Gegenteils; οὐχ ἥκιστα = „ganz besonders". „Denn, wenn das Unglück wählt, wählt's nicht den allerschlechtsten (d. h. den allerbesten) Mann." (Klopstock.) — „Die schlechtsten Früchte sind es nicht, woran die Wespen nagen". (Bürger.) Hierher gehört auch:

c) der Euphemismus oder die Vertauschung eines Begriffs mit einem andern aus Vorsicht, Scheu, Zartheit der Empfindung und dergl., so daß der Hörer die Bedeutung modificieren muß, um den gemeinten zu erkennen. „Tröstet ihr Mein Weib, wenn mir was Menschliches begegnet" (d. h. der Tod). (Schiller, Tell.) — „Wann wird mein Haupt sich ruhig schlafen legen?" (d. h. meine Feindin tot sein.) (Schiller, Maria Stuart.) — „Eumeniden" für „Erinnyen", „obitus", „Hingang", „Scheiden" für „Tod", „Sterben"; der Gott-sei-bei-uns für „Teufel" u. dergl. mehr.

D. Vertauschungen entgegengesetzter Begriffe, so daß das Gegenteil von dem ausgesprochen wird, was man denkt.

a) Ironie. „Das ist ja heiter!" (bös, übel). — „So ein langer und breiter Vortrag kann das Herz erfreuen" (drückt die Rache eines Gelangweilten aus). — „Der weise Vater schlägt nun wohl mich platterdings nicht aus. Der weise Vater muß aber doch sich erst erkunden, erst besinnen. Allerdings! That ich denn das nicht auch? Erkundete, besann ich denn Mich erst nicht auch, als sie im Feuer schrie? Fürwahr! bei Gott! Es ist doch gar was Schönes, so weise, so bedächtig sein". (Lessing, Nathan der Weise.)

b) Sarkasmus ist dieselbe Form, nur nimmt sie einen viel schärferen Ton an, da sie, meist auf dem Gebiet des Ethischen sich bewegend, verkehrtes, unsittliches Verhalten geißelt (vermeintliche Weisheit, heuchlerische Tugend). „Wer neben diesen Mann sich wagen darf, — Verdient für seine Kühnheit schon den Kranz." (Goethe, Tasso.)

4. Syntaktische und Satzfiguren.

A. Syntaktische Figuren.

a) **Inversion** ist die Umkehr der grammatischen Wortfolge, um einer Vorstellung größeren Nachdruck zu geben. „Schnell fertig ist die Jugend mit dem Wort." (Schiller.)

b) **Antithesis** ist die Verbindung solcher Begriffe und Vorstellungen, welche einen Gegensatz zu einander bilden. Z. B.: „Unruhig, wie er war, sollte er einen ruhigen Brief schreiben!" — „Es bildet ein Talent sich in der Stille, Sich ein Charakter in dem Strom der Welt." (Goethe.) — „Des Vaters Segen baut den Kindern Häuser; aber der Mutter Fluch reißet sie nieder." —

c) **Oxymoron**, eine Zusammenstellung sich widersprechender Begriffe, welche zunächst thöricht erscheint, aber einen verdeckten Scharfsinn enthält. Z. B.: „Du schweigst, aber redest laut". (Dein Schweigen ist eine deutliche Antwort.) „Der wahre Bettler ist doch einzig und allein der wahre König." (Lessing, Nathan.)

d) **Chiasmus** (Stellung über Kreuz nach der Form des griechischen Buchstaben X). Er besteht darin, daß von zwei nebeneinander stehenden Wortpaaren die einander entgegengesetzten Worte, gleichsam im Kreuz gegenüber gesetzt werden, so daß beim zweiten Paare eine umgekehrte Wortfolge wie beim ersten eintritt, z. B.:

Der Fromme liebt jeden,

niemanden der Böse[1]).

e) **Hendiadyoin**: zwei Substantiva werden durch die Konjunktion „und" einander beigeordnet, während das eine als abhängig vom anderen im Genetiv ausgedrückt oder ein attributives Adjektiv sein sollte, z. B.: „Von Schmuck und Golde strahlend" für „von goldnem Schmucke strahlend"[2]).

f) **Hysteron-Proteron.** Es entsteht, wenn von zwei Hand-

---

[1]) Cimbri et Celtiberi in proeliis exsultant, lamentantur in morbo. C. Tusc. 2, 27.

[2]) Pateris libamus et auro. Verg. Georg. 2, 192, für pateris aureis.

lungen die spätere vorangestellt wird, z. B.: „Laßt uns fürs
Vaterland sterben und mutig in den Kampf gehen!"[1])

g) Eine **Prolepsis** findet statt, sobald einer Person oder
Sache eine Eigenschaft beigelegt wird, die sie noch nicht hat, son-
dern erst durch die Thätigkeit des Verbums empfängt, z. B.:
„Er hilft uns **frei** aus aller Not." „Ihnen schloß auf ewig
Helate den **stummen** Mund." (Schiller, Hero und Leander.)[2])

h) Ein **Zeugma** ist vorhanden, wenn ein Wort, besonders
ein Prädikat, auf zwei oder mehrere Wörter bezogen wird, während
es nur zu einem oder einzelnen derselben paßt. „Daß **Roß** und
Reiter schnoben und Kies und **Funken stoben**."

i) Die **Hypallage** entsteht, wenn bei einer syntaktischen Verbindung zweier Substantive ein Adjectivum zu dem tritt, zu welchem
es eigentlich nicht gehört; es soll durch diese ungewöhnliche Beziehung mehr in den Vordergrund gedrängt werden. Aus den
Ausdrücken „träge Ruhezeit", „verletzter Freundschaftsbund" wird
so „**die träge Zeit der Ruhe**", „**der Bund verletzter Freundschaft**". Auch im gewöhnlichen Leben wird diese Figur oft angewandt: „Eine **heiße Taffe** Thee". Sie ist, geschmackvoll
angewandt, sehr wirksam: „Der Lieder **süßen** Mund" (Schiller,
Kraniche des Ibykus). „Und der Gewänder **flatternde** Bänder
decken die Länder", statt: „die von Bändern flatternden Gewänder
decken", desgl. „in des Mantels **purpurnen** Falten" u. s. w.).[3])

k) Die **Parenthese**, d. h. das Einschieben eines Gedankens in
die Mitte der Rede, gleichsam als eines plötzlichen Einfalls, der
aber zur Erklärung der Rede beiträgt. „Kaum war das Wort
Doria ausgesprochen — lieber hätte ich meinen Namen auf der
Schreibtafel des Teufels gelesen, als hier den Ihrigen gehört, —
so zeigte sich Fiesko dem Volke." (Schiller.)

l) **Anakoluth** ist die Abweichung aus der geregelten Satz-
fügung, um **einen** Umstand, der in der gewöhnlichen Satzentwick-
lung sonst weniger hervortreten würde, mehr hervorzuheben;

---

[1]) Moriamur et in media arma ruamus. Verg. Aen. 2, 353.

[2]) Premit placida aequora pontus. Verg. Aen. 10, 103, für pontus
premit (comprimit) aequora, ut placida fiant.

[3]) Et de **purpureis** collectae vitibus uvae. Ovid Metam. VIII.
v. 67 b. Im Lateinischen kommt auch öfter bei Dichtern die Form der Hypallage vor, nach welcher zwei Kasus, die zu einem Verbum gehören, ver-
wechselt werden. z. B. vina **cadis** onerare statt cados vinis onerare Verg.
Aen. 1, 195, oder statt des Adverbiums als nähere Bestimmung des Verbums
ein Adjectivum zu dem Substantivum tritt, welches mit jenem Verbum in
naher Verbindung steht, z. B. Quid mea colla tenes **blandis, ignare,
lacertis**. Ovid. Metam. II. 100.

namentlich gestaltet es sich oft so, daß ein eigentlich abhängiger Satz in selbständiger Form erscheint. „Sein Rößlein war so krank und schwach, Er zog es kaum, am Zaume nach." (Uhland.)

B. Satzfiguren.

a) Satz- oder Sinnfiguren, welche speciell durch Häufung, Steigerung oder Beschränkung des Ausdrucks wirken.

Durch Häufung des Ausdrucks wirkt:

1. der rhetorische Pleonasmus; er will den Begriff, den Gedanken überhaupt mehrseitig in Fülle darstellen und damit anschaulicher machen, z. B.: „Kaum seh' ich mich im ebnen Plan." (Schiller, Kampf mit dem Drachen.) — „In angeborner stiller Glorie, mit sorglosem Leichtsinn, mit des Anstands schulmäßiger Berechnung unbekannt, gleich ferne von Verwegenheit und Furcht, mit festem Heldenschritte wandelt sie die schmale Bahn des Schicklichen." (Schiller, Carlos.)

2. das Epitheton, d. h. die Hinzufügung von Bestimmungen zu einem Begriff, welche ihm allgemein und wesentlich zukommen, aber von dem speciellen Satzsinn nicht grade gefordert werden (epitheton ornans). „Und drinnen waltet die züchtige Hausfrau — Und füllt mit Schätzen die duftenden Laden — Und dreht um die schnurrende Spindel den Faden, — Und sammelt im reinlich geglätteten Schrein — Die schimmernde Wolle, den schneeichten Lein." (Schiller.) — „Im dunklen Laub die Gold-Orangen glühn." (Goethe.)

3. die Periphrase, d. h. die Umschreibung. „Kennst du das Land, wo die Citronen blühn" (für „Italien"). (Goethe.) „Der zu Mosen auf des Horebs Höhn Im feur'gen Busch sich flammend niederließ, Und ihm befahl, vor Pharao zu stehen, Der einst 2c. — Er sprach zu mir" (d. h. Gott). (Schiller, Jungfrau v. Orl.) — „Ich will dich führen lassen und verwahren, wo weder Mond noch Sonne dich bescheint." (Ders., Tell.)

Durch Steigerung wirkt

die Klimax (gradatio), d. h. eine Häufung von Begriffen oder Bildern, von denen jedes folgende das vorangehende an Kraft übertrifft. „Wie finde ich Worte, um auszudrücken, was ich bei diesem Anblick empfand, wie tief er mich rührte, ergriff, erschütterte. — Er ist mein Freund, mein Engel, mein Gott, ich will ihn anbeten." — „Ein

Duft, ein Hauch, ein Schatten eines Traumes." —
„Thränen, Flüche, Verzweiflung (sind) die entsetz=
liche Mahlzeit, woran diese gepriesenen Glücklichen schwelgen."
(Schiller, Kabale und Liebe.)
        Durch Beschränkung wirkt
außer der oben schon erwähnten Litotes die Aposiopese
oder das plötzliche Abbrechen eines Gedankens: „Über
kurz oder lang wird er ihn überall aufsuchen und — Gute
Nacht, wenn er ihn findet." — „Dich schützt dein Wappen=
rock, sonst solltest du —." (Schiller, Jungfrau v. Orl.)

b) Satzfiguren, welche durch äußere Umgestaltung des
Ausdrucks wirken, sind:

1. die rhetorische Frage; sie will keine Antwort, sondern
   ist eigentlich bloß eine „in Frageform gekleidete" Behaup=
   tung negativer Art. — „Wer wagt es, Rittersmann oder
   Knapp?" ist eine gewöhnliche Frage, denn der Redende
   erwartet eine Antwort. — Aber: „Wer weiß, wie nahe
   mir mein Ende?" ist eine rhetorische Frage und heißt
   einfach so viel als: Niemand weiß es u. s. w.[1]

2. Die Apostrophe ist eine Wandlung der Rede, welcher gemäß
   der Redner sich direkt Personen oder „personificirt gedachten"
   Gegenständen, dieselben anredend, zuwendet. „Lebt
   wohl, ihr Berge, ihr geliebten Triften! Ihr traulich stillen
   Thäler, lebet wohl" u. s. w. (Schiller.) — Nach homerischer
   Weise sagt Voß (Luise), „Drauf antwortetest du, ehrwür=
   diger Pfarrer von Grünau," und Goethe (Hermann und
   Dorothea): „Aber du zaudertest noch, vorsichtiger Nach=
   bar" u. s. w.

3. Die Repräsentatio oder Vergegenwärtigung ist die Ver=
   tauschung der Zeitbezeichnung, welche eintritt, sobald ein der
   Gegenwart nicht angehöriger Vorgang als gegenwärtig darge=
   stellt wird. Wird diese Figur gleich häufig im gewöhnlichen
   Sprachgebrauch angewandt ohne besondere Wirkung, so erhebt
   sie sich doch in einzelnen Fällen durch die Kunst des Über=
   gangs und der Ausführung zur wirkungsvollen Kraft einer
   rhetorischen Figur: „Da rief der Rheingraf ihrem Führer
   zu, In guter Schlacht sich ehrlich zu ergeben; Doch Oberst
   Piccolomini — Ihn machte der Helmbusch kenntlich und
   das lange Haar, Vom raschen Ritte war's ihm losgegangen,

---

[1] Der Unterschied wird u. a. wichtig im Lateinischen in der Oratio obliqua.

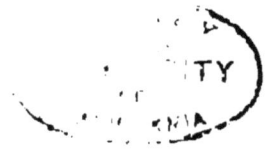

— Zum Graben winkt er, sprengt, der erste, selbst
Sein edles Roß darüber weg, ihm stürzt das Regiment
nach." (Schiller, Wallenstein.)

c) Durch eine innerliche Wandlung des Ausdrucks,
dessen Sinn erst durch Überlegung erkannt werden konnte,
entstanden auch innerhalb der Begriffs- und syntaktischen
Figuren schon Oxymoron, Euphemismus und Ironie, welche
letztere dann sich auch auf ganze Sätze verbreiteten. Hierher
gehört nun auch das Paradoxon, dessen Wesen in der Über-
raschung beruht. Die Entwicklung des Gedankens erscheint
zunächst widersinnig; es liegt ihr aber ein tieferer Sinn
zu Grunde, welcher erst durch Überlegung gefunden werden
muß. „Es ist ein Unglück, reich zu sein." (Schiller.)

II. Poetik.

I. Metrik.

Vorbemerkungen.

Die griechische sowie die römische Metrik beruht auf der **Quantität der Silben** (lange, kurze und mittelzeitige Silben). Durch einen kunstvoll geordneten Wechsel von Längen und Kürzen entsteht ein **Vers**. Die in demselben hervortretende schritt- oder wellenförmige Bewegung der Sprache heißt **Rhythmus**.

Die deutsche Verskunst hingegen beruht auf der **Betonung**. Der deutsche Vers erwächst aus einer bestimmten **Anzahl betonter Silben** (auch „Hebungen" genannt), welche meist mit anderen minder betonten Silben („Senkungen") wechseln.

Indem Opitz (s. weiter unten B.) bei der Fixierung des Verhältnisses der **betonten** und **unbetonten** Silben den antiken **Jambus** und **Trochäus** als Ausgangspunkt nahm[1]), wurden allmählich die Termini technici und **„Zeichen"** der antiken Verskunst auf die deutsche übertragen. Schon zu seinen Lebzeiten ging man nämlich weiter und übertrug auch den **Daktylus, Anapäst** u. s. w. auf die deutsche Verskunst, indem man betonte Silben mit antiken Längen und deutsche unbetonte Silben mit antiken Kürzen identificierte. In weiterer Parallele zu den betr. klassischen Versen hat man sich dann gewöhnt, selbst von Cäsur, Diärese, Anakrusis (Auftakt)[2], akatalektischen (d. h. vollständigen), katalektischen (d. h. unvollständigen), hyperkatalektischen (d. h. überzähligen) Versen in der deutschen Verskunst zu reden[3]). — (Über Reim und dergl. s. weiter unten.)

---

[1]) „Nachmals ist," sagt Opitz, „auch ein jeder Vers entweder ein jambicus oder trochaicus, nicht zwar, daß wir auf Art der Griechen und Lateiner eine gewisse Größe der Silben können in Acht nehmen, sondern, daß wir aus den Accenten und dem Tone erkennen, welche Silbe hoch und welche niedrig gesetzt werden soll." (Deutsche Poeterei v. J. 1624.)

[2]) Ein Beispiel unter den zweifüßigen daktylischen Versen.

[3]) A. **Allgemeine Bemerkungen über die Betonung der Silben.** Als betont (—) gelten: a) alle einsilbigen Stammwörter, welche Hauptbegriffe bezeichnen, also Substantiva wie „Mann", „Frau", Adj. und Adv. wie „hoch", „tief", Verba in allen einsilbigen Formen, wie „fällt", „steht", endlich auch Zahlwörter wie „zwei", „drei"; b) die **Stammsilbe** in zwei- oder mehrsilbigen Begriffswörtern: z. B. Vater, Tugend, Ulter, Gartenhaus. (Hat gleich in Zusammensetzungen von

Der **Rhythmus** der einzelnen Verse ist entweder **fallend** oder **steigend**, jenachdem die betonte oder unbetonte Silbe vorangeht oder folgt. Die üblichsten steigenden Rhythmen sind der **Jambus** ‿— und der **Anapäst** ‿‿— (als Stellvertreter der **Spondeus** —), die üblichsten fallenden der **Trochäus** —‿, der **Daktylus** —‿‿ und der **Spondeus** mit dem Accent auf der ersten Silbe —.

A. Versarten nach antikem Schema.

a) Jamben.

1. Zweifüßige.

‿—‿—(‿)

Der Schnee zerrinnt,
Der Mai beginnt, u. f. w. Hölty.

2. Dreifüßige.

‿—‿—‿—(‿)

Da droben auf dem Hügel
Da steht ein kleines Haus,
Man sieht von seiner Schwelle
Ins schöne Land hinaus.
Dort sitzt ein freier Bauer
Am Abend auf der Bank
Und dengelt seine Sense
Und singt dem Himmel Dank. Uhland.

Stammwörtern das erste in der Rede den Hauptton vor dem zweiten, weil es dieses bestimmt, so gelten doch beide Silben für den Vers als betont, z. B. in Hausthür, Schiffahrt u. a.) c) die bei der Aussprache hervorgehobene Silbe zwei- und mehrsilbiger Wörter aus anderen Wortklassen, z. B. ungemein, jemals, vorher, bereits, welcher, aber, denen.

B. **Als unbetont** (‿) **gelten:** a) alle Vor-, Flexions- und Ableitungssilben (s. aber unten unter C b.). b) meist auch alle einsilbigen Wörter, welche Nebenbegriffe bezeichnen, wie die Partikeln und Präpositionen hin, an, zu, in u. s. w. (Die mit Verben zusammengesetzten Präpositionen und Adverbien haben aber meist den Ton, wenn die Zusammensetzung trennbar ist, z. B. anfangen, hinkommen.)

C. **Als betont oder unbetont** können je nach Umständen gebraucht werden, sind also gleichsam anceps (≃): a) die einsilbigen Artikel, Umstands-, Vor-, Für- und Bindewörter, z. B. der, die, das, ich, du, er, wir, sie, hier, sehr, und, da, sonst; b) die meisten Ableitungssilben, in denen ein e, i, o, oder u enthalten ist, z. B. heit, keit, lein, bar, haft, sal, schaft, um, ung, tum.

Der **Sinn** und die **Stellung** in der Wortverbindung bestimmen genauer die Geltung der halbbetonten Silben in jedem einzelnen Falle, (wie sie auch sogar eine an sich tonlose Silbe unter Umständen betont erscheinen lassen können). Eine mittelzeitige Silbe verliert z. B. an Kraft neben einer volltonigen, — zwischen zwei unbetonten gewinnt sie. Man vergl. z. B. das ung in Spaltung und in Lästerungen.

5 *

(Besonders beliebt ist der dreifüßige Jambus mit abwechselnden weiblichen und männlichen Reimen, vergl. „Das Klagelied Kaiser Otto III." v. Platen; „Der deutsche Rhein" v. Nic. Becker.) — Verbreiteter ist freilich noch 3. der vierfüßige und 4. verschiedene Mischungen des vierfüßigen und dreifüßigen (akatalektischen und hyperkatalektischen) Verses. Beispiele:

3. Vierfüßige.

$\smile\;\acute{}\;\smile\;\acute{}\;\smile\;\acute{}\;\smile\;\acute{}$

Jung Siegfried war ein stolzer Knab,
Ging von des Vaters Burg herab;
Wollt' rasten nicht in Vaters Haus,
Wollt' wandern in alle Welt hinaus.
               Uhland.

Vergl. „Belsazar" von Heine.

4. Gemischte Verse der geschilderten Art.

Lenore fuhr ums Morgenrot
Empor aus schweren Träumen:
„Bist untreu Wilhelm oder tot?"
„Wie lange willst du säumen?" ꝛc.
               Bürger.

Vergl. „Der Gang nach dem Eisenhammer", „Der Ring des Polykrates" v. Schiller. „Die wandelnde Glocke", „Der Sänger" v. Goethe, Einkehr v. Uhland.

5. **Fünffüßige oder Quinare** (vergl. auch das Sonett),

$\smile\;\acute{}\;\smile\;\acute{}\;\smile\;\acute{}\;\smile\;\acute{}\;\smile\;\acute{}$

entweder rein, z. B.: „Im Blütenregen braust der Bienenschwarm" („Der blühende Apfelbaum" von Mosen) oder daneben hyperkatalektisch, z. B.: „In Warschau schwuren Tausend auf den Knieen" von Mosen. Seit Lessings Nathan (1779) hat dieser Vers vorzugsweise im Drama seine Anwendung gefunden und zwar hier meist in reimloser Gestalt (in der er auch wohl Blankvers genannt wird), bald mit männlichem, bald mit weiblichem Schluß.

Vor grauen Jahren lebt' ein Mann im Osten.
           „Nathan der Weise" von Lessing.

„Spät kommt ihr, — doch ihr kommt! Der weite Weg,
Graf Isolan, entschuldigt euer Säumen."
           „Die Piccolomini" von Schiller.

O schöner Tag, wenn endlich der Soldat
Ins Leben heimkehrt, in die Menschlichkeit,
Zum frohen Zug die Fahnen sich entfalten
Und heimwärts schlägt der sanfte Friedensmarsch.
           Ebendas. Schiller.

6. **Der sechsfüßige Jambus** kommt im Deutschen in mehreren, besonders benannten Formen vor:

α) Der dem antiken nachgebildete jambische Sechsfüßler oder Senar.

$\smile\;\acute{}\;\smile\;\acute{}\;\smile\;\acute{}\;|\;\acute{}\;\smile\;\acute{}\;\smile\;\acute{}\;\smile\;\acute{}$ oder $\smile\;\acute{}\;\smile\;\acute{}\;\smile\;\acute{}\;|\;\acute{}\;\smile\;\acute{}\;\smile\;\acute{}$

Der Thränen Gabe | sie versöhnt den grimmsten Schmerz.   Goethe.

(Von Schiller auch stellenweise in der „Jungfrau von Orleans" und „Braut von Messina" eingeschoben.)

β) Der **Alexandriner**, durch Diärese in zwei Hälften ge-
teilt und gereimt.

$$\smile\;\acute{\;}\;\smile\;\acute{\;}\;\smile\;\acute{\;}\;|\;\smile\;\acute{\;}\;\smile\;\acute{\;}\;\smile\;\acute{\;}$$

Der Alexandriner, nach französischen Vorbildern in die deutsche
Litteratur eingeführt und vor Klopstock und Lessing in deutschen
Gedichten (besonders Schauspielen) sehr gepflegt, wird jetzt
seltener gebraucht.

> Die Abendglocke ruft | den müden Tag zu Grabe;
> Matt blökend kehrt das Vieh | in langsam schwerem Trabe
> Heim von der Au, es sucht | der Landmann seine Thür
> Und überläßt die Welt || der Dunkelheit und mir.   Gotter.

(Vergl. die Kirchenlieder: „Nun danket alle Gott mit Herzen,
Mund und Händen" und „O Gott, du frommer Gott, du Brunn-
quell guter Gaben".)

γ) Der sogen. **neue Nibelungenvers**, sehr wohlklingend
und gefällig, unterscheidet sich, abgesehen von den Reim-
verhältnissen, vom Alexandriner durch Einfügung einer
Thesis nach dem dritten Fuße, worauf dann die Diärese eintritt (über den alten Nibelungenvers s. B. „Accentverse").

$$\smile\;\acute{\;}\;\smile\;\acute{\;}\;\smile\;\acute{\;}\;\smile\;|\;\smile\;\acute{\;}\;\smile\;\acute{\;}\;\smile\;\acute{\;}\quad\text{(NB. gereimt).}$$

> Ist denn im Schwabenlande | verschollen aller Sang,
> Wo einst so hell vom Staufen | die Ritterharfe klang?
> Und wenn er nicht verschollen, | warum vergißt er ganz
> Der tapfren Väter Thaten, | der alten Waffen Glanz?   Uhland.

7. Der achtfüßige Jambus, meist mit Diärese hinter dem
vierten Fuß.

> Schon war gesunken in den Staub | der Sassaniden alter Thron,
> Es plündert Mosleminenhand | das schätzereiche Ktesiphon:
> Schon langt am Oxus Omar an | nach manchem durchgekämpften Tag,
> Wo Chosrus Enkel Jezdegerd | auf Leichen eine Leiche lag.   Platen.

b) Anapästische Verse.

Anapästische Verse finden sich, zu ganzen Gedichten vereint,
im Deutschen fast gar nicht, meist nur in Verbindung mit Jamben.

> Und es wallet und siedet und brauset und zischt,
> Wie wenn Wasser mit Feuer sich menget,
> Bis zum Himmel spritzet der dampfende Gischt ⁊c. — Schiller.

c) Trochäen.

1. **Zweifüßige.** $\acute{\;}\;\smile\;\acute{\;}\;\smile$

> Aus der Wolle   Von dem Dome,
> Quillt der Segen,   Schwer und bang,
> Strömt der Regen.   Tönt die Glocke
> Aus der Wolle ⁊c.   Grabgesang.
>   „Glocke" von Schiller.

2. Dreifüßige. $\smile\acute{}\,\smile\acute{}\,\smile\acute{}\,(\smile)$

Bunt sind schon die Wälder,
Gelb die Stoppelfelber,
Und der Herbst beginnt.
Rote Blätter fallen,
Graue Nebel wallen,
Kühler weht der Wind. —
"Herbstlied" von Salis-Seewis.

3. Vierfüßige. $\acute{}\,\smile\acute{}\,\smile\acute{}\,\smile\acute{}\,(\smile)$

An der Quelle saß der Knabe,
Blumen wand er sich zum Kranz,
Und er sah sie fortgerissen,
Treiben in der Wellen Tanz.
Und so fliehen meine Tage
Wie die Quelle rastlos hin.
Schiller.

"Ist der holde Lenz erschienen?" vergl. auch "Der reichste Fürst" von Kerner und den "Cid" von Herder ("Trauernd tief saß Don Diego").

4. Fünffüßige. $\acute{}\,\smile\acute{}\,\smile\acute{}\,\smile\acute{}\,\smile\acute{}\,(\smile)$

Will sich Hektor ewig von mir wenden,
Wo Achill mit den unnahbarn Händen
Dem Patroklus schrecklich Opfer bringt?
Wer wird künftig deinen Kleinen lehren
Speere werfen und die Götter ehren,
Wenn der finstre Orkus dich verschlingt?
Schiller.

In derselben Versart, aber ohne Reim[1]):

Ein Kanadier, der noch Europens
übertünchte Höflichkeit nicht kannte,
Und ein Herz, wie Gott es ihm gegeben,
Von Kultur noch frei im Busen fühlte,
Brachte, was er mit des Bogens Sehne,
Fern in Quebecks übereisten Wäldern
Auf der Jagd erbeutet, zum Verkaufe.
Seume.

5. Achtfüßige. $\smile\acute{}\,\smile\acute{}\,\smile\acute{}\,\smile\acute{}\,|\,\acute{}\,\smile\acute{}\,\smile\acute{}\,\smile\acute{}\,\smile$

Nächtlich am Busento lispeln | bei Cosenza dumpfe Lieder,
Aus den Wassern schallt es Antwort, | und in Wirbeln klingt es wieder.
Platen.

Vergl. "Alexander Ypsilanti auf Munkacs" von W. Müller und den "Löwenritt" von Freiligrath.

Anmerk. Verbindung trochäischer Verse von verschiedener Länge, z. B.:

Munter fördert seine Schritte
Fern im wilden Forst der Wandrer
Nach der lieben Heimathütte.
Blökend ziehen heim die Schafe,
Und der Rinder
Breitgestirnte glatte Scharen
Kommen brüllend,
Die gewohnten Ställe füllend.

Schwer herein
Schwankt der Wagen
Kornbeladen;
Bunt von Farben
Auf den Garben
Liegt der Kranz,
Und das junge Volk der Schnitter
Fliegt zum Tanz.
"Glocke" von Schiller.

d) Daktylische Verse.

1. Einfüßig. $\acute{}\,\smile\smile$

Fröhlicher,
Seliger,
Herrlicher Tag.
Goethe.

2. Zweifüßige (katalekt.). $\acute{}\,\smile\smile\acute{}\,(\smile)$

Lieber durch Leiden
Möcht ich mich schlagen,
Als so viel Freuden
Des Lebens ertragen.
Goethe.

---

[1]) Hieran schließt sich der sogen. serbische Vers (aus den serbischen Volksliedern stammend), ebenfalls ohne Reim, mit gewissen Eigentümlichkeiten, z. B. nie katalektisch, ohne bestimmte Cäsur.

3. Vierfüßige.

Seht, wie die Tage sich sonnig verklären!
Blau ist der Himmel und grünend das Feld.   Salis.

Vergl. „Die Würde der Frauen" von Schiller; abwechselnd mit zwei- und dreifüßigen in dem Körnerschen: „Vater ich rufe dich".

4. Fünffüßige.

Lobe den Herren, den mächtigen König der Ehren!
Lob' ihn, o Seele, vereint mit den himmlischen Chören.   Joachim Neander.

5. Sechsfüßige (Hexameter)[1].

Auf die Postille gebückt, | zur Seite des wärmenden Ofens
Saß der redliche Lamm | in dem Lehnstuhl, welcher mit Schnitzwerk
Und braunnarbigtem Jucht | voll schwellender Haare geziert war.   Joh. Heinr. Voß.

Hab' ich den Markt und die Straßen | doch nie so einsam gesehen!
Ist doch die Stadt wie gekehrt, | wie ausgestorben! Nicht fünfzig,
Däucht mir, blieben zurück | von allen unsern Bewohnern.   Goethe.

6. Hexameter, Pentameter (in ihrer Vereinigung das sogen. Distichon).

Kannst du nicht allen gefallen durch deine That und dein Kunstwerk;
Mach' es wenigen recht; | vielen gefallen ist schlimm.   Schiller.

B. Von den mehr nach alter deutscher Weise gemessenen Versen, den sogen. Accentversen.

Die alte deutsche Metrik kannte, wie wir schon oben S. 65 gesehen, nur sogen. Accentverse, deren Wesen darin besteht, daß nur die Hebungen gezählt werden, in betreff der Senkungen aber sich eine gewisse Freiheit entwickelt. Daneben erscheint Alliteration und dann der Reim (s. weiter unten unter C). Von den alten Versen ist der berühmteste der Nibelungenvers (s. unter D. „Strophen" u. das. die Anm.).

---

[1]) Cäsuren: a) nach der Arsis des dritten Fußes, b) nach dem Trochäus des dritten Fußes, c) nach der Arsis des vierten Fußes, womit sich eine andere, nämlich entweder vor oder nach der ersten Kürze des zweiten Fußes zu verbinden pflegt. — Hat der Vers am Ende des vierten Fußes eine Diärese, so nennt man ihn bukolisch, weil er bei den Alten in den bukolischen (ländlichen) Gedichten üblich war.

[2]) Versus spondiacus, wenn der fünfte Fuß ein Spondeus ist.

Dô wúohs in Niderlánden | eins ríchen kúneges kínt,

(des váter hiez Sigemunt, | sîn múoter Sigelínt),

in éiner búrge ríche, | wíten wól bekánt,

nîden bî dem Ríne: | diu wás ze Sánten genánt.

Besonders liebte man auch kurze, viermal gehobene Reim-
paare[1]), die dann aber in dem sogen. Knittelvers immer mehr
entarteten, indem man teils nur äußerlich die Silben ohne
Rücksicht auf ihre Betonung zu zählen anfing, teils
die Behandlung des Reims voller Willkür wurde.

Erst Opitz brachte das Gesetz, daß Wort- und Versaccent
zusammenfallen müsse, wieder zur Geltung, zugleich begann aber
auch die Anlehnung an die antiken Metra, wie oben S. 65
gezeigt wurde, so daß man auch in deutscher Verskunst nach der
Form von Jamben, Trochäen u. s. w. die Verse zu bilden anfing. Daneben lebte aber doch die früher in den alten Accentversen herrschende Weise in den Liedern volkstümlicher Art
vielfach fort, und in neuerer Zeit sind derartige Verse auch
wieder in der Kunstpoesie mit Erfolg angewandt worden.

Ein Beispiel von Accentversen aus volksmäßiger Poesie mit
vier Hebungen:

Prinz Eugéniús, der édle Rítter,
Wóllt dem Káiser wiederum kríegen
Stádt und Féstung Bélgeráds;
Ér ließ schlágen einen Brúcken,
Dáß man kúnnt hinúberrúcken
Mit der Armée bis vór die Stádt.

Accentverse mit drei Hebungen finden sich dann u. a. bei
Uhland in dem Liede:

Hast dú das Schlóß geséhen,   Es möchte sich niederneigen
Das hóhe Schlóß am Méer,   In die spiegelkláre Flút,
Gólden und rósig wéhen   Es möchte strében und stéigen
Die Wólken drüber hér.   In der Abendwólken Glút.

Ebenso gehört in diese Gattung das Bürger'sche Gedicht:

Ich will euch erzählen ein Märchen gar schnurrig,
Es wär mal ein Käiser, der Käiser war kurrig u. s. w.

Vergl. u. a. „Das Hufeisen" von Goethe, „Siegfrieds Schwert",
„Schwäbische Kunde" und besonders Taillefer von Uhland; auch
in „Wallensteins Lager" und der „Braut von Messina" finden
sich hieher gehörende Stellen[2]). Ja auch inmitten der Lieder

---

[1]) In solchen Versen sind die meisten mittelhochdeutschen höfischen
Epen verfaßt.

[2]) In der letzteren z. B. folgende Verse mit zwei, resp. (am Ende auf
einander reimend) mit vier Hebungen:

moderner Form bricht der alte Accentvers, der hauptsächlich die Hebungen beachtet, gelegentlich wieder durch, wenn z. B. Schiller den jambisch-anapästisch gehaltenen „Taucher" mit dem Verse schließt:

Den Jüngling bringt keines wieder.

C. Allitteration, Assonanz und Reim.

Neben den bisher entwickelten rhythmischen Formen erscheint auch die Allitteration, die Assonanz und der Reim als Bindemittel in der deutschen Poesie, besonders die erstere und der letztere (s. über dieselben zunächst oben bei den Redefiguren unter I. B). Die Allitteration oder der Stabreim ist die älteste Form der Bindung deutscher Verse, da erst später der Reim sich voller entwickelte. Das Wesen der Allitteration besteht im allgemeinen darin, daß sie vorzugsweise den Sinn des Gesanges berücksichtigt, indem sie diejenigen Wörter, welche den Sinn hauptsächlich tragen, nachdrücklich durch die Wiederholung der betr. Konsonanten hervorhebt. Gelegentlich wird sie wie die Assonanz auch noch jetzt mit Erfolg angewandt, s. oben S. 54 [1]). Ein Beispiel wirkungsvoller allitterierender Strophen bietet W. Müllers Glockenguß zu Breslau:

„Der Bube steht am Kessel,   Und zischt ihm in die Ohren
Schaut in die Glut hinein,   Und zuckt ihm in den Sinn
Das wogt und wallt und wirbelt Und zieht an allen Fingern
Und will entfesselt sein.   Ihn nach dem Hahne hin.

Die Reimworte stehen meist am Ende der Verse und dürfen nie ganz unbedeutende oder gar unbetonte Worte sein. Es giebt folgende Arten: 1) Beruht der Reim auf dem Gleichklang zweier betonter Silben, so heißt er stumpf (oder auch männlich, weil er besonders kräftig ist), z. B. „Knall" — „Fall". 2) Folgt auf die vollbetonten reimenden Silben noch eine gleichlautende unbetonte, dann entsteht der sogen. klingende (oder weibliche) Reim, z. B. „Bäume" — „Träume" [2]). 3) Folgen auf die betonte zwei un-

---

Durch die Straßen der Städte,   Morgen an jener,
Von Jammer gefolget,   Aber noch keinen hat es verschont.
Schreitet das Unglück —   Die unerwünschte
Lauernd umschleicht es   Schmerzliche Botschaft,
Die Häuser der Menschen   Früher oder später,
Heute an dieser   Bestellt es an jeder
Pforte pocht es,   Schwelle, wo ein Lebendiger wohnt.

[1]) Allitterierende Accentverse brachte in neuester Zeit besonders W. Jordan wieder mehr zur Geltung. Auch in bewegter Prosa kommen sie vor, z. B. bei Freytag im „Ingo".

[2]) Hierher rechnet man auch gelegentlich vorkommende Reime wie:

betonte Silben, wie z. B. in „schwebende" — „lebende", so entsteht ein sogen. gleitender Reim.

Rein nennt man den Reim, wenn der Gleichklang vollkommen ist; unreine Reime sind also z. B.: Höh' — See; Bäume — Reime; Kahn — kann; fühlen — füllen u. dergl. Letztere werden aber auch oft genug angewandt. Vergl. z. B. „Die Klage der Ceres" von Schiller[1]).

Nach seiner Stellung ist der Reim selten Anfangs-[2]), Mittel-[3]) und Binnenreim[4]), gewöhnlich Endreim. Die Art aber, wie die Endreime zusammengestellt werden, ist sehr mannigfach. Man unterscheidet namentlich folgende Formen:

1) gepaarte oder ungetrennte: aabb u. s. w. oder aaabbb.
2) wechselnde oder gekreuzte: abab.
3) eingeschlossene oder umarmende: abba.
4) verschränkte: abcabc.
5) unterbrochene: aca oder abcb.

Kehrreim oder Refrain ist die Wiederholung desselben Wortes oder desselben Verses oder derselben Strophe am Schluß mehrerer hintereinander folgender poetischer Abschnitte. Es giebt:

1) Wortrefrain.

Du Schwert an meiner Linken,
Was soll dein heitres Blinken?
Schaust mich so freundlich an,
Hab' meine Freude dran!
    Hurrah!
        Körner.

2) Versrefrain.

Ich bin vom Berg der Hirtenknab',
Seh' auf die Schlösser all' herab.
Die Sonne strahlt am ersten hier,
Am längsten weilet sie bei mir.
Ich bin der Knab' vom Berge.
        Uhland.

3) Strophenrefrain.

Sah ein Knab' ein Röslein stehn,
Röslein auf der Heiden,

---

kraftvoll — saftvoll, Bereitung — Zeitung, wo zur volltonigen Silbe noch eine mitteltonige sich stellt. Will man diese Art Reime besonders bezeichnen, so nennt man sie schwebende.

[1]) Andere zu berücksichtigende Regeln sind noch: 1) Es dürfen nicht Silben getrennter Wörter zum Reim verwandt werden, also nicht: Hans Sachs war ein Schuh — Macher und Poet dazu. 2) Die Konstruktion und Wortstellung darf nicht des Reimes halber ungebührlich verändert werden, also nicht: Sein Vater hieß Melcher — Ein Schäfer war welcher. 3) Der Gebrauch von Fremdwörtern ist dabei möglichst zu vermeiden und nur in scherzhaften Versen an der Stelle: „Er starb post Christum natum — Ich weiß nicht mehr das Datum." (Bürger.)

[2]) Wonniger fällt manch' Leben im Nord, als im herrlichsten Süd aus;
Sonniger, als in des Kinds, sieht's oft in des Greisen Gemüt aus.

[3]) Wie haben da die Gerber so meisterlich gegerbt,
Wie haben da die Färber so purpurrot gefärbt.
        Uhland.

[4]) Es brauset und sauset das Tambourin,
Es prasseln und rasseln die Schellen drin.
        Brentano.

War so jung und wunderschön,
Lief er schnell, es nah' zu seh'n,
Sah's mit vielen Freuden.
Rößlein, Rößlein, Rößlein rot,
Rößlein auf der Heiden.

D. Die Strophe.

Die Verbindung mehrerer Verse zu einer harmonischen Einheit als Teil eines größeren Gedichtes nennt man eine Strophe. Die gereimten Strophen sind im Deutschen die gebräuchlichsten und entwickeln sich zwischen 2—14 Zeilen mit den verschiedensten Reimverbindungen.

Die gewöhnlichste ist die zweizeilige, obwohl sie meist nicht besonders abgeteilt, sondern als Reimpaar angesehen wird (vergl. auch das Distichon oben unter Hexameter). Zu den vierzeiligen Strophen gehört auch die schon oben erwähnte alte und neue Nibelungenstrophe mit ungetrennten, gewöhnlich männlichen Endreimen[1]). Besonders gebräuchlich sind noch: die fünfzeilige (das Glück von Edenhall), die sechszeilige (das Lied vom braven Mann, der wilde Jäger, der Alpenjäger, der Ring des Polykrates, der Taucher), die siebenzeilige (die Bürgschaft), die achtzeilige (Lenore, der Gang nach dem Eisenhammer, die Kraniche des Ibykus, Ritter Toggenburg, Kassandra; von Kirchenliedern: O Haupt voll Blut und Wunden), die zehnzeilige (der Graf von Habsburg, Hero und Leander). Ein Beispiel einer zwölfzeiligen Strophe ist „der Kampf mit dem Drachen" von Schiller, einer vierzehnzeiligen „der Zauberlehrling" von Goethe.

Hieran reihen sich Strophen, welche aus zwei größeren Hauptteilen bestehen: Haupt- oder Grundstrophe und Gegen- oder Nachstrophe, welche letztere in liederartigen Gedichten gewöhnlich den Chor bildet (das Siegesfest von Schiller)[2]). — Außer jenen Reimstrophen kommen zur Anwendung:

[1]) Die alte Nibelungenstrophe besteht aus vier Accentversen. Jeder der ersten drei hat sechs, der vierte sieben Hebungen, und in allen Versen ist zwischen der dritten und vierten Hebung eine weibliche Diärese, so daß die erste Hälfte jedes Verses regelmäßig mit einer Senkung schließt. In betreff der übrigen Senkungen herrscht, wie schon oben angedeutet, Willkür. In dem „Gudrunliede" ist eine Modification dahin erfolgt, daß auch jedes zweite Verspaar mit weiblichem Reim endet, und der vierte Vers meist acht Hebungen hat, nämlich drei vor, fünf hinter der Diärese.
[2]) In der mittelhochdeutschen Lyrik galt die Dreigliedrigkeit für derartige Strophen. Der Aufgesang hatte zwei Teile (Stollen genannt), an die sich dann der Abgesang schloß. Auch in Kirchenliedern tritt diese Dreigliedrigkeit noch hervor, z. B.: „Allein Gott in der Höh' sei Ehr" u. s. w.

a) Ausländische moderne Strophen.

1) Die Stanze (Ottave, Ottave rime) nimmt unter den modernen, dem Auslande entlehnten Strophen die erste Stelle ein. Sie besteht aus acht weiblich schließenden, jambischen, selten trochäischen Quinaren, deren Reimverschlingung folgende ist: 1, 3, 5, daneben 2, 4, 6, sowie 7 — 8; z. B.:

> Mir ist die Lust ein Schifflein, das zersplittert,
> Sobald's aus sichrer Bucht hinausgeschwunden,
> Ein blasses Heil'genbild, das rasch verwittert,
> Wie schön es auch mit Rosen war umwunden,
> Ein Flötenton, der in der Luft verzittert,
> Wenn er getönt zwei selige Sekunden,
> Im Lebenskelch der flücht'ge Kranz des Schaumes,
> Ein Duft, ein Hauch, der Schatten eines Traumes.
>
> E. Geibel.

Derselben Art ist der Monolog aus der Jungfrau von Orleans von Schiller:

> „Die Waffen ruhn, des Krieges Stürme schweigen" u. s. w.

2) Das Sonett, wie die Stanze, von den Italienern entlehnt. Es besteht aus 14 jambischen Quinaren, die sich in vier Hauptabteilungen gruppieren, von denen die ersten beiden aus vier, die beiden letzten aus drei Zeilen bestehen. Jede Hauptabteilung hat, wie ihren geschlossenen Sinn, so auch ihr geschlossenes Reimgebiet, doch so, daß die acht ersten Verse nur zwei Reime enthalten (am besten nur weibliche, doch sind auch männliche gestattet), die gewöhnlich so gestellt werden, daß Vers 1, 4, 5, 8 zusammenreimt, und ebenso Vers 2, 3, 6, 7. Die zwei dreizeiligen Strophen können zwei oder drei Reime in mannigfacher Aufeinanderfolge enthalten.

Auferstehung.

> Wenn einer starb, den du geliebt hinieden,
> So trag' hinaus zur Einsamkeit dein Wehe,
> Daß ernst und still es sich mit dir ergehe
> Im Wald, am Meer, auf Steigen, längst gemieden.
>
> Da fühlst du bald, daß jener, der geschieden,
> Lebendig dir im Herzen auferstehe,
> In Luft und Schatten spürst du seine Nähe,
> Und aus den Thränen blüht ein tiefer Frieden.
>
> Ja, schöner muß der Tote dich begleiten,
> Ums Haupt der Schmerzverklärung lichten Schein
> Und treuer, — denn du hast ihn alle Zeiten.
>
> Das Herz hat auch sein Ostern, wo der Stein
> Vom Grabe springt, dem wir den Staub nur weihten;
> Und was du ewig liebst, ist ewig dein.
>
> E. Geibel

3) Terzine, Triolett, Ritornell, Madrigal, Rondeau, Canzone, Glosse, Sestine u. s. w. sind alles Liederformen der Poesie der südlichen Völker, welche Weisen jedoch nur gelegentlich nachgeahmt werden und im Deutschen immer etwas Gekünsteltes haben. Verbreiteter sind noch die durch Rückert

aus der orientalischen Poesie übertragenen und von ihm und Platen gepflegten Ghaselen (die Ghasele oder das Ghasel, ursprünglich eine arabische Strophe von 7—14 Versen oder Beiten, von denen jeder Beit (d. i. Haus, Zelt) in zwei Halbverse (Misra, Flügelthüren) zerfällt, mit gleichem Metrum und demselben Reimwort am Ende. Das Reimwort der beiden ersten Zeilen kehrt nämlich in allen geraden Zeilen 2, 4, 6, 8 u. s. w. wieder. Statt eines und desselben Reimworts begnügt man sich auch zum Teil mit demselben Reimklang.

Ein Beispiel der strengeren Innehaltung des Metrums ist folgendes Gedicht von Platen:

> Dir, edler Jüngling, bring' ich heut ein Lied,
> Dir, schöner Freund, sei stets erneut ein Lied!
> Du bist mir Schach des Morgenlands, und ich
> Der Sänger Barbud, der dir beut ein Lied.
> Ein Paradiesesvogel bin ich dir,
> Der eine Feder auf dich streut, ein Lied.
> Ein Lied hat Flügel zwar, doch kommt zurück,
> Denn gar zu weit zu fliegen scheut ein Lied.
> Frommt's, wenn im Traum ein Dichter dichtete,
> Wenn ihn des Morgens nicht erfreut ein Lied?

Eine Form der freieren Handhabung ist:

> Manchen Streit hab' ich gestritten, ich, des Reiches Pehlewan[1]);
> Mir erlag der Schweif des Drachen und des Löwen scharfer Zahn.
> Haupt und Arm und Schwert und Säule war ich diesem stolzen Reich,
> Kön'ge bebten, wenn ich zürnte, Gott nur war ich unterthan.
> Wenn das Blut des Reinen, Heil'gen zu dem Herrn um Rache schrie:
> Wie der Tod der grimme Schnitter, schritt den Herren ich voran.
> In der dunklen Felsenhöhle sucht' ich auf den grausen Diw,
> Machte rein der Erde Antlitz von dem Blut des Ahriman, u. s. w.
>
> Aus dem Firdusi.

4) **Das Akrostichon.** Das Eigentümliche desselben besteht darin, daß die Anfangsbuchstaben der Verse unter sich einen Namen oder ein anderes Wort oder einen Satz bilden, zu welchem der Inhalt des Ganzen in Verbindung steht. Abgesehen von speciellen Zwecken ist es eine ästhetische Spielerei; doch hat Paul Gerhard in seinem berühmten Liede: „Befiehl du deine Wege" etwas Ähnliches angewandt, indem die Anfangsbuchstaben der Strophen das Thema des Liedes, nämlich den Spruch „Befiehl dem Herrn deine Wege u. s. w." bilden.

b) Antike Strophen.

1. Sapphische Strophe.

$$-\cup-\bar\cup-\cup\cup-\cup-\bar\cup$$
$$-\cup-\bar\cup-\cup\cup-\cup-\bar\cup$$
$$-\cup-\bar\cup-\cup\cup-\cup-\bar\cup$$
$$-\cup\cup-\bar\cup$$

> Niedrig schleicht blaß hin die entnervte Sonne,
> Herbstlich goldgelb färbt sich das Laub, es trauert
> Rings das Feld schon nackt, und die Nebel ziehen
> Über die Stoppeln.
>
> Rückert.

---

[1]) Hüter des Reichs.

2. Alcäische Strophe.

⌣́⌣́—⌣́—⌣̆⌣́⌣⌣́⌣⌣̆
⌣̆⌣́⌣—⌣́—⌣̆⌣⌣́⌣⌣̆
⌣̆⌣́⌣—⌣́—⌣́⌣—⌣̆
—́⌣⌣⌣́⌣⌣⌣́—⌣—⌣̆

In jüngern Tagen war ich des Morgens froh,
Des Abends weint' ich: nun, da ich älter bin,
    Beginn' ich zweifelnd meinen Tag; doch
        Heilig und heiter ist mir sein Ende.

Hölderlin.

8. Asklepiadeische Strophe.

—́⌣—́⌣⌣⌣́ || —́⌣⌣⌣́⌣⌣̆
—́⌣—́⌣⌣⌣́ || —́⌣⌣⌣́⌣⌣̆
    —́⌣—́⌣⌣́⌣̆
        —́⌣—́⌣⌣⌣́⌣̆

Schön ist, Mutter Natur, deiner Erfindung Pracht
Auf die Fluren verstreut; schöner ein froh Gesicht,
    Das den großen Gedanken
        Deiner Schöpfung noch einmal denkt.

Süß ist, fröhlicher Lenz, deiner Begeist'rung Hauch,
Wenn die Flur dich gebiert, wenn sich dein Odem sanft
    In der Jünglinge Herzen
        Und die Herzen der Mädchen gießt.

Klopstock.

II. Von den Dichtungsarten.

Die Dichtkunst oder Poesie gehört zu den sogen. schönen Künsten, d. h. den Künsten, welche durch die Darstellung des Schönen in sinnlich wahrnehmbarer Form den Menschen über das gewöhnliche Irdische erheben. Ihr Gebiet ist das Reich der Ideeen, das Ideale. Die Poesie ist nun gleichsam die Kunst der Künste, weil sie sich zu jenem Zweck vor allen andern des geistigsten Elements bedient, nämlich der menschlichen Sprache. Zu allen Zeiten galt die Kunst der Poesie als eine besondere göttliche Gabe. (Die Sänger bei Homer; „Der Sänger" von Goethe; „Die Macht des Gesangs" und „der Graf von Habsburg" von Schiller; „Des Sängers Fluch" von Uhland.)

Ich singe, wie der Vogel singt,
Der in den Zweigen wohnet.
Goethe.

So rafft von jeder eitlen Bürde,
Wenn des Gesanges Ruf erschallt,
Der Mensch sich auf zur Geisterwürde
Und tritt in heilige Gewalt.
Schiller.

Sie (die Sänger) singen von Lenz und Liebe, von sel'ger goldner Zeit,
Von Freiheit, Männerwürde, von Treu' und Heiligkeit;
Sie singen von allem Süßen, was Menschenbrust durchbebt,
Sie singen von allem Hohen, was Menschenherz erhebt.
Uhland.

Nach dem Inhalt zerfällt die Poesie in drei große Abteilungen:

1) Die epische Poesie erzählt Ereignisse.

2) Die lyrische Poesie schildert das Gefühls- und Geistesleben.

3) Die dramatische Poesie ist gleichsam eine Verschmelzung beider, indem sie die Handlung des Stücks aus dem Gefühl (Charakter) der dabei beteiligten Personen, wie dieses in ihren Reden zur Darstellung kommt, sich entwickeln läßt.

1. Die epische Poesie [*)]

a) Das alte ernste Heldengedicht (Epos, Epopöe). Homers Ilias und Odyssee. — Vergils Aeneide. — Nibelungen- und Gudrunlied. — „Mahabharata" (Nal und Damajanti) und „Ramayana". — „Das Königsbuch der Perser" (Rostem und Suhrab).

b) Das moderne Epos: Klopstocks Messias. — Luise, von Voß. — Hermann und Dorothea, von Goethe. (Romantisches Epos: Wieland, Oberon. — E. Schulze, „Die bezauberte Rose".)

c) Das komische Heldengedicht: der Froschmäuseler; Reineke Fuchs (neu bearbeitet von Goethe).

d) Die Romanze und Ballade, beide ursprünglich aus der Fremde stammend (die erstere aus dem südlichen Frankreich, die letztere aus England und Schottland), sind mit großem Erfolge gepflegt worden, z. B. von Herder (Cid), Bürger, Schiller, Goethe, Uhland, G. Schwab, Heine, Simrock. Beide sind kleine erzählende Gedichte epischer Art mit einem lyrischen Anflug, welcher besonders in der Romanze sich geltend macht. Diese klingt nämlich vorzugsweise an das mittelalterliche Rittertum an mit seinen Idealen von Liebe, Treue und dergl., und gewinnt dadurch leicht einen gewissen schwärmerischen Ausdruck, während die Ballade mit ihren Schilderungen voller ins Menschenleben hineingreift und gern die Phantasie in ihren Tiefen aufregt. Wo sie nicht durch eine Beimischung dämonischer, ja oft schauriger Züge das Gemüt bewältigt, ergreift sie es durch das Gewaltige, Eigentümliche, was in der Begebenheit selbst liegt. Die üblichste Form für die Romanze ist der vierfüßige trochäische Vers, oft mit

---

[*)] Mit diesem Gebiete steht dem Inhalt nach in einer gewissen Parallele der Roman und die Novelle.

reicher, durch den Inhalt bedingter Abwechslung mit und ohne Reim; doch kommt sie auch oft in der sonst für die Ballade gebräuchlichen Form genau sich gleichender, regelmäßiger, gereimter, jambischer Strophen vor.

Beisp. (wenn gleich der Unterschied zwischen beiden Arten nicht immer, selbst nicht einmal von den betr. Dichtern festgehalten wird.) Romanzen: Ritter Toggenburg, Graf von Habsburg, Kampf mit dem Drachen, von Schiller. — Bertran de Born, von Uhland. — Est Est von W. Müller (gleichsam eine humoristische Romanze). Balladen: „Lenore" und „Der wilde Jäger", von Bürger. — Die Kraniche des Ibycus, Ring des Polykrates, Taucher, Gang nach dem Eisenhammer, von Schiller. — Erlkönig, Braut von Korinth, von Goethe. — Das Glück von Edenhall, von Uhland. — Der Reiter und der Bodensee, von Schwab.

e) Die poetische Erzählung: „Johann der Seifensieder", von Hagedorn; „Der Wilde", von Seume; „Columbus", von Luise Brachmann; „Habsburgs Mauern", von Simrock.

f) Die Idylle: „Irin", von E. v. Kleist; „Das Habermuß", von Hebel.

g) Allegorie und Parabel: „Das Kind der Sorge", von Herder; „Die Teilung der Erde", von Schiller; „Parabel", von Rückert. (Es ging ein Mann im Syrerland — Führt' ein Kamel am Halfterband.)

h) Die Legende: „Die wiedergefundenen Söhne", von Herder; „Das Hufeisen", von Goethe.

i) Fabel und Märchen: „Der Tanzbär", „Der Bauer und sein Sohn", von Gellert. — „Vom Bäumlein, das andere Blätter hat gewollt", von Rückert. — „Die Heinzelmännchen", von Kopisch.

2. Die lyrische Poesie.

a) Das Lied:

α. Religiöse Lieder: „Gott der Erhalter", von Brentano; „Schäfers Sonntagslied", von Uhland.

β. Weltliche Lieder: „Meeresstille", von Goethe; „Einkehr", von Uhland; „Der kleine Hydriot", von W. Müller; „Lützows wilde Jagd", von Körner.

b) Die Ode: Klopstock, „An Ebert"; „Unsere Sprache"; Schubart, „Auf Friedrich den Großen"; Schiller, „Die Macht des Gesanges"; Platen, „Der Vesuv", „Los der Lyriker".

c) Die Hymne: Klopstock, „Frühlingsfeier", „Dem Erlöser"; Goethe, „Grenzen der Menschheit".

d) Die Elegie: Hölty, „An dem Grabe meines Vaters"; Schiller, „Klage der Ceres"; „Die Götter Griechenlands".
    Hieran reiht sich [1]):
e) Das Lehrgedicht: Tiedge, „Urania"; Kleist, „Frühling"; Schiller, „Breite und Tiefe"; „Der Spruch des Confucius". — An das Lehrgedicht schließt sich die „Gedankenlyrik", welche Schiller besonders ausgebildet hat in Gedichten wie die „Glocke", „An die Freude", „Würde der Frauen" u. s. w., wozu sich bei Goethe u. a. stellt „Das Göttliche".
f) Die Satire: Brant, „Narrenschiff".
g) Das Rätsel: „Regenbogen", von Schiller.
h) Epigramme, Sentenzen und Sprüche: „Freundschaft", von Herder. „Gnome", von Goethe („Alles in der Welt läßt sich ertragen, — Nur nicht eine Reihe von schönen Tagen"). „Xenien", von Schiller und Goethe.

3. Die dramatische Poesie.

a) Tragödie oder Trauerspiel. (Lessing, Goethe, Schiller, Uhland, Immermann, Th. Körner, Grabbe, Geibel.)
b) Die Komödie oder das Lustspiel. (Lessing, Th. Körner, Platen, Freytag [Journalisten].)
c) Das Schauspiel (Lessing, Iffland, Goethe, Schiller [Tell], H. v. Kleist, Mosen, Prutz.)

---

[1]) Von einigen wird das Lehrgedicht, die Satire u. s. w. als besondere Gattung (zwischen Epik und Lyrik) unter dem Titel „Didaktische Poesie" zusammengefaßt.

III. Von der indirekten Rede.

Die Worte jemandes können unmittelbar in der Form, in welcher er sie gesprochen hat oder man sie ihm in den Mund legen will, angeführt werden. Dies ist die oratio recta[1]). Dieser sogen. geraden Rede steht die oratio indirecta oder obliqua gegenüber, wo die Worte nur mittelbar (dem Inhalte nach) und zwar in einem verschobenen, schiefen Verhältnis, in dem der Unterordnung zu einem vorangegangenen Verbum des Sagens angeführt werden, z. B. Ich sagte, daß ich mich freuen würde u. s. w. — Du sagtest, daß Du Dich freuen würdest u. s. w. — Er sagte, daß er sich freuen würde u. s. w. Die letztere Form, wo das Subjekt des regierenden Satzes in der III. Person steht, ist die am gewöhnlichsten in der Erzählung vorkommende, und von ihr wird im folgenden besonders die Rede sein.

In betreff der Verwandlung einer direkten Rede in eine indirekte ist nämlich zu merken:

1) In der indirekten Rede treten statt der Pronomina der I. und II. Person durchweg die der III.[2]) ein, und alle Modi erscheinen im Konjunktiv; z. B. Der Mann sagte: „Ich habe mich und mein Kind ehrlich durch meiner Hände Arbeit ernährt", ist direkte Rede; hingegen: „Der Mann sagte, daß er sich und sein Kind ehrlich durch seiner Hände Arbeit ernährt habe", ist indirekte. (Über eine Verschiebung der Konjunktive s. 5.)

Anmerk. Wo ein Indikativ erscheint, ist er das Verbum eines nur erläuternden oder vom Erzähler beigefügten Satzes, z. B. „Der Mann sagte, daß er sich und sein Kind, obgleich alle Lebensmittel in hohem Preise standen, durch seiner Hände Arbeit ernährte."

2) Die Konjunktion „daß" kann wegfallen (und fällt bei längeren Reden stets weg). Bleibt aber die Konjunktion „daß" weg, so ändert sich die Form der von derselben abhängigen Sätze, welche in der direkten Rede Hauptsätze waren und im Lateinischen im Acc. c. Inf. stehen; sie nehmen in der Wortstellung wieder die Form von Hauptsätzen an,

---

[1]) Über die Interpunktion bei derselben s. oben §. 5, III.

[2]) Öfter ist es der Deutlichkeit halber zweckmäßig, das Substantivum, dessen Stelle das Pronomen vertritt, als Apposition noch dazu zu setzen. Z. B. „Und doch sind wir schließlich die Besiegten gewesen" lautet indirekt am besten: „er sagte — und doch seien schließlich sie, die Karthager, die Besiegten gewesen."

b. h. das Hülfsverbum tritt bei ihnen in die Mitte des Satzes (§. 19. II. Anm. 2). Direkt: „Das Heer hat Sagunt belagert." — Indirekt: „Er sagte, daß das Heer Sagunt belagert habe", aber: „Er sagte, das Heer habe Sagunt belagert"[1]).

3) Tritt ein Fragesatz in indirekte Form, so wird er mit „ob" angereiht, z. B. Sie fragten ihn: „Sollen wir den Hannibal ausliefern?" — indirekt: ob sie u. s. w. Wird aber nicht der ganze Satz in Frage gestellt, sondern nur ein Satzteil, so tritt nicht die Konjunktion „ob" ein, sondern das einleitende Fragewort der direkten Frage bleibt auch in der indirekten. Z. B.:

direkte —	indirekte Frage.
Gott der Herr rief Adam und sprach zu ihm: „Wo bist du?" Und er sprach: „Ich hörte deine Stimme im Garten und fürchtete mich, denn ich bin nackend". Darum versteckte ich mich. Und er sprach: Wer hat dir's gesagt, daß du nackend bist? u. s. w.	Gott der Herr rief Adam und fragte ihn, wo er sei, und Adam antwortete, er habe Gottes Stimme im Garten gehört und sich gefürchtet, denn er sei nackend; darum habe er sich versteckt. Und Gott fragte ihn, wer ihm gesagt habe, daß er nackend sei u. s. w.

4) Imperativsätze erfordern die Anwendung des Hülfsverbums sollen oder mögen: z. B. „Erinnert Euch an das Glück", wird indirekt: (er sagte) sie sollten (möchten) sich u. s. w.

5) Ist der Konjunktiv durch seine Form nicht deutlich erkennbar, so tritt eine Tempusverschiebung ein, indem man statt des Konjunktivs Präsentis den des Imperfecti setzt, ebenso dann statt des Konjunktivs des Imperfecti den des Perfecti oder Plusquamperfecti. Z. B. „Er erzählt, dort brächten sie ihr Leben zu", weil die 1. Pers. Plur. der Konjunktiv des Präsens (sie bringen) mit der entsprechenden des Indikativs in der Form zusammenfällt. Mit derselben Tempusverschiebung wird aus dem direkten: „Kein Eid hinderte uns damals" indirekt: „kein Eid habe sie damals gehindert"; ebenso aus: „Sie haben den Mut nicht sinken lassen" indirekt: „sie hätten den Mut nicht sinken lassen". Diese Tempusverschiebung tritt dann zuweilen auch da ein, wo sie eigentlich nicht nötig ist.

---

[1]) Um also (namentlich beim Übersetzen in eine fremde Sprache) die ursprünglichen Hauptsätze von den ursprünglichen Nebensätzen in der indirekten Rede zu unterscheiden, achte man stets darauf, ob die betr. Sätze unmittelbar vom regierenden Verbum (mit der Konjunktion „daß") abhängig sind oder nicht, und bei der zuletzt oben erwähnten Form der indirekten Rede versuche man, ob der betr. Satz sich in einem mit „daß", abhängig von dem regierenden Verbum, umwandeln läßt oder nicht.

So kann man statt: „Seine Meinung sei diese", auch sagen: „seine Meinung wäre diese". Findet eine solche Tempusverschiebung bei einem Plusquamperfektum statt, so wendet man oft das sogen. zweite Plusquamperfektum an (gebildet durch das Participium Präteriti des Verbums, verbunden mit dem Plusquamperfektum von haben resp. sein). Direkt: „Schon manche Schlachten hatten die Römer verloren"; indirekt: „Schon manche Schlachten hätten die Römer verloren gehabt". — Direkt: „Damals waren wir durch keinen Vertrag gebunden" indirekt: „Damals wären sie durch keinen Vertrag gebunden gewesen". Meist indessen genügt der einfache Konjunktiv des Plusquamperfektums.

Beispiel
zur Verwandlung der direkten Rede in eine indirekte.

Als die römischen Gesandten vor dem Senate von Karthago ihre Beschwerden gegen den Hannibal vorgebracht hatten, hielt Hanno in demselben folgende Rede:

Direkt.	Indirekt.
Ich habe Euch einst gewarnt, dem Hannibal den Oberbefehl über das spanische Heer zu geben. Und auch heute noch sage ich: so lange noch Einer von dem Geschlechte des Hamilcar lebt, werden wir keinen Frieden mit Rom haben. Indem Ihr den Hannibal nach Spanien sandtet, habt Ihr selbst das Feuer entzündet, das jetzt unser eigenes Haus bedroht. Noch zwar belagert unser Heer die Stadt Sagunt; bald aber werden die römischen Heere unsere eigene Stadt Karthago einschließen. Ist Euch denn das Glück des römischen Volkes, ist Euch seine Tapferkeit und Beharrlichkeit nicht hinlänglich bekannt? Erinnert Euch an den ersten punischen Krieg und an den Ausgang, welchen derselbe genommen! Schon manche Schlachten in demselben hatten die Römer verloren; aber nie haben sie den Mut sinken lassen, und schließlich sind wir die Besiegten gewesen. Und damals zogen wir mit gutem Gewissen in den Kampf. Kein Eid	Er habe sie einst gewarnt, dem Hannibal den Oberbefehl über das spanische Heer zu geben. Und auch heute noch sage er: so lange noch Einer von dem Geschlecht des Hamilcar lebe, würden sie keinen Frieden mit Rom haben. Indem sie den Hannibal nach Spanien gesandt hätten, hätten sie selbst das Feuer entzündet, das jetzt ihr eigenes Haus bedrohe. Noch zwar belagere ihr Heer die Stadt Sagunt; bald aber würden die römischen Heere ihre eigene Stadt Karthago einschließen. Sei ihnen denn das Glück des römischen Volkes, sei ihnen seine Tapferkeit und Beharrlichkeit nicht hinlänglich bekannt? Sie sollten sich an den ersten punischen Krieg erinnern und an den Ausgang, welchen derselbe genommen! Schon manche Schlachten in demselben hätten die Römer verloren gehabt; aber nie hätten sie den Mut sinken lassen, und schließlich seien sie, die Karthager, die Besiegten gewesen. Und damals seien sie mit gutem

hinderte uns damals, der Stadt Messana Hülfe zu senden, und doch sind wir besiegt worden. Jetzt aber war uns durch einen feierlich beschworenen Vertrag verboten, das Gebiet von Sagunt anzugreifen, und dennoch hat Hannibal es gewagt, den Krieg zu beginnen. Die Götter selber, die Rächer des Eidbruchs, müssen den Römern beistehen. Nicht gegen Sagunt, nein gegen Karthago rückt Hannibal heran, die Trümmer Sagunts — o daß ich ein falscher Prophet wäre! — werden über unseren Häuptern zusammenstürzen. Ihr fragt mich: sollen wir denn den Hannibal den Römern ausliefern? Ich antworte: nicht bloß ausliefern müssen wir ihn, sondern auch, wenn niemand seine Auslieferung verlangte, müßten wir ihn entfernen aus unserem Gebiete, müßten wir ihn in die entferntesten Gegenden der Welt verbannen, damit ihm für immer die Möglichkeit genommen wird, den Frieden unserer Stadt zu stören. Meine Meinung also ist diese: schickt Gesandte nach Rom, um dem Senate Genugthuung zu geben; lasset dem Hannibal die Weisung zukommen, das Heer augenblicklich von Sagunt wegzuführen; den Hannibal selbst aber übergebet den Römern.

Gewissen in den Kampf gezogen. Kein Eid habe sie damals gehindert, der Stadt Messana Hülfe zu senden, und doch seien sie besiegt worden. Jetzt aber wäre ihnen durch einen feierlich beschworenen Vertrag verboten gewesen, das Gebiet von Sagunt anzugreifen, und dennoch habe Hannibal es gewagt, den Krieg zu beginnen. Die Götter selber, die Rächer des Eidbruchs, müßten den Römern beistehen. Nicht gegen Sagunt, nein gegen Karthago rücke Hannibal heran, die Trümmer Sagunts — o daß er ein falscher Prophet wäre! — würden über ihren Häuptern zusammenstürzen. Sie fragten ihn, ob sie denn den Hannibal den Römern ausliefern sollten. Er antworte: nicht bloß ausliefern müßten sie ihn, sondern auch, wenn niemand seine Auslieferung verlangte, müßten sie ihn entfernen aus ihrem Gebiete, müßten sie ihn in die entferntesten Gegenden der Welt verbannen, damit ihm für immer die Möglichkeit genommen werde, den Frieden ihrer Stadt zu stören. Seine Meinung also sei diese: sie sollten Gesandte nach Rom schicken, um dem Senate Genugthuung zu geben; sie sollten dem Hannibal die Weisung zukommen lassen, das Heer augenblicklich von Sagunt wegzuführen; den Hannibal selbst aber sollten sie den Römern übergeben.

V. Lesestücke

zur Einübung der Satzlehre.

Einkehr von Uhland.

Bei einem Wirte, wundermild,
Da war ich jüngst zu Gaste;
Ein goldner Apfel war sein Schild
An einem langen Aste.

Es war der gute Apfelbaum,
Bei dem ich eingekehret;
Mit süßer Kost und frischem Schaum
Hat er mich wohl genähret.

Es kamen in sein grünes Haus
Viel leichtbeschwingte Gäste;
Sie sprangen frei und hielten Schmaus
Und sangen auf das beste.

Ich fand ein Bett zu süßer Ruh'
Auf weichen, grünen Matten;
Der Wirt, er deckte selbst mich zu
Mit seinem kühlen Schatten.

Nun fragt' ich nach der Schuldigkeit;
Da schüttelt er den Wipfel.
Gesegnet sei er allezeit
Von der Wurzel bis zum Gipfel.

Der Bauernknabe und der Fluß.

Ein Bauernknabe wurde von seiner Mutter auf den Markt geschickt, damit er daselbst Käse und Butter verkaufe. Auf seinem Wege kam er an einen Fluß, über welchen keine Brücke führte. Da legte er sich am Ufer desselben nieder; denn er bildete sich ein, daß jener bald ablaufen würde. Gegen Mitternacht endlich kehrte er mit seinem ganzen Kram zurück. „Nun, Sohn", sprach die Mutter, „wie soll ich das verstehen?" — „Ja, Mutter," antwortete der Knabe, „dort ist ein gewaltiger Fluß, der den ganzen Tag nicht aufgehört hat zu fließen. Ich habe lange genug gewartet und dachte, daß er endlich ablaufen würde; aber er läuft noch immer."

Walther von Thurn.

Der edle Ritter Walther von Thurn ritt in einer öden syrischen Wüste. Da hörte er von fern ein klägliches Gestöhn. „Gewiß," dachte er, „haben verruchte arabische Räuber einen Wandrer angefallen." Er sprengte hin auf seinem Streitrosse; aber als dieses vor der finstern und engen Kluft stand, aus welcher das Gestöhn hervordrang, stutzte und zitterte es, bäumte sich und schäumte ins Gebiß. Die funkelnden Augen eines großen, männlichen Löwen blitzten ihm entgegen. Dieser lag im Kampf mit einer ungeheuren Schlange, welche sich schon um Leib und Schweif des Löwen gewunden hatte. Sofort schwang Walther sein mächtiges, scharfes Schwert, und mit einem tüchtigen, glücklichen Streiche spaltete er der Schlange den Leib. Als der Löwe sich von dem furchtbaren, wütenden Feind erlöst sah, erhob er sich, brüllte laut, schüttelte die Mähne, streckte den Leib und nahte sich dann seinem Retter. Sanft schmeichelnd kroch er zu dem jungen, unerschrockenen Helden und leckte ihm Schild und Hand. Von nun an verließ er ihn nicht mehr, sondern folgte ihm, wie ein Hund, auf dem Marsche über Flüsse und in den Streit.

Mehrere Jahre lang war der Ritter im heiligen Lande gewesen und hatte viele tapfere Thaten verrichtet und einen berühmten und geachteten Namen sich erworben. Endlich empfand er Sehnsucht nach dem fernen, teuren Vaterlande, wollte dahin zurückkehren und den guten, treuen Löwen mitnehmen. Aber kein Schiffer wollte das Tier in sein Schiff aufnehmen, obgleich Walther doppelten, ja vierfachen Lohn bot. Endlich ließ der Ritter ihn zurück und fuhr allein ab. Da erhob der Löwe ein langes, klagendes Gebrüll, lief ängstlich am Strande auf und ab, stand dann am Ufer still, schaute dem Schiffe nach und stürzte sich endlich ins Meer. Man sah ihn vom Schiffe aus und beschloß, das edle Tier aufzunehmen. Schon war er dem Schiffe nahe, da verließ ihn die Kraft; er blickte noch einmal mit treuen, hellen Augen nach dem Ritter und versank.

Die Standhaftigkeit des kleinen Cato.

Der berühmte Römer Marcus Cato wurde als Knabe in dem Hause seines Oheims Drusus, des Volkstribunen, erzogen. Als zu diesem Gesandte von den Bundesgenossen kamen, um das Bürgerrecht zu gewinnen, und Poppedius, der Anführer der Gesandtschaft, den kleinen Cato bat, daß er die Bundesgenossen beim Oheim unterstützen möchte, antwortete dieser mit standhafter Miene, daß er es nicht thun werde. Da drohte Poppedius dem Knaben, nachdem er ihn in das obere Stockwerk geführt hatte, daß er ihn, wenn er nicht nachgäbe, von dort herabstürzen werde. Aber nicht einmal hierdurch konnte der Knabe eingeschüchtert werden. Da wurde denn dem Poppedius das Wort abgenötigt: „Wir können uns Glück wünschen, Gefährten, daß dieser so klein ist; wenn er Senator wäre, wir würden sicherlich das Bürgerrecht nicht erlangen." — So zeigte sich schon im Knaben die Standhaftigkeit, welche er nachher sein ganzes Leben hindurch bewies.

VI.

Orthographisches Wörterverzeichnis.

Aar, der, S. 5.
Aas, das, die Aser.
abends, des Abends.
Abenteuer, das.
abschlägig.
abschläglich.
abspenstig.
abstrakt.
absurd.
Abt, der, S. 3.
Accent, der.
accompagnieren.
Accord, der.
Achse, die.
achtgeben.
adelig S. 3.
Adjunkt, der.
Adjutant, der.
Adolf S. 4.
affizieren.
ahnden, strafen; ahnen, vorempfinden.
Ehre und Ehre S. 2.
Ajax S. 7.
Akt, der.
Alarm, der.
all, vor allem, allenthalben.
allmählich S. 3.
Almosen, das.
alt, beim alten bleiben u. s. w.
Altertum, das.
Anger, der (eine Wiese).
angesichts, des Angesichts.
angst (u. bange) sein.
anstrengen, der Strang.
anstrengen, sich.
Anteil, der.
Anthologie, die.
antichambrieren.
antik, die Antike.
Antithese, die.

antwidern.
apokryph.
Apostroph, der.
Apparat, der.
Ar, der oder das (Maß), S. 5.
Arithmetik, die.
Ärmel, der.
Armut, die.
Arrest, arretieren.
Artillerie S. 6.
Assise, die.
Assistenz, die.
Atem, der; atmen.
Atmosphäre, die.
Audienz, die.
Augenbraue, die.
Augenlid, das.
ausmerzen.
Autorität, die.
Avancement, das.
Art S. 2.
Bacchus, Bacchanalien.
Bajonett, das.
Ballett, das.
Banquier, der (Geldwechsler).
bar (bloß), Barschaft (die), S. 5.
Beefsteak, das.
Besschen, das.
behilflich u. behülflich.
Beredsamkeit, aber beredt, S. 3.
beste, aufs beste, zum besten haben.
betreffs, in betreff S. 8.
betrügen.
Bewandnis.
bezichtigen, d. h. anschuldigen.
beziehentlich, bezüglich, in Bezug auf.
Billet (das), die Billette (Billets).
bißchen, ein bißchen, S. 9.
Bischof.
bloß (unbedeckt, dann = nur).

Blüte, aber: die Blume blüht.
Bord, der.
Borte, die.
Boskett, das.
Bottich, Böttcher.
Bouillon, die.
Brot S. 3.
Büreau, die Büreaus, Büreaux.
Café, das.
Caprice, die.
Carré, das.
Carriere, die.
Casus und Kasus, der.
Ceder (Zeder), die.
Censur (Zensur), die.
Centner (Zentner), der.
certieren.
Cession, die.
Chaise, die.
Champagner, der.
Charade, die.
Charakter, der.
charmant.
Chaussee, die.
Chef, der.
Chirurg, der.
Choralchor (Sängerchor), der.
Cirkular (Zirkular), das.
Cirkumflex (Circumflex), der.
Cirkus, der.
Civil (Zivil).
Coaks, der.
Commis, der.
Commune, die.
Corps (Armeecorps).
Cour, die.
courant.
Cyklus, der.
Cylinder, der.
Cypresse, die.
Dachs, die Dachse, S. 3 f.
Damhirsch, der.
danach, danieder, aber daran, darauf u. s. w.
das und daß S. 4.
dasselbe S. 5.
Daumen, der.
Deichsel, die.
Demut.
Deputierte, der.
deshalb u. deswegen S. 5 u. 16 Anm.
Dezember (December).

Diphthong, der.
Direktor.
Disciplin, die.
Diskant, der.
Dispens, der.
Doktor.
dünkt (bisw.: deucht), deuchte (oft: dünkte), hat gedeucht (oft: gedünkt). Konstr. s. S. 46.
echt.
Eichamt, das; eichen.
Eidechse S. 3.
Einjährig-Freiwillige, der.
einmal.
Eltern.
Elefant, der.
Epheu, der, S. 4.
Equipage, equipieren.
ergötzen (ergetzen).
Ernte.
erwidern.
Etikette, die.
Excellenz, die.
Fähnrich und Fähnbrich.
Färse und Ferse, die, S. 2.
Feme, die, Femgericht.
Fieber, die Krankheit; Fiber = Faser.
fing, nicht fieng.
Flechse, die.
Fliese, die (Steinplatte), S. 4.
Fließ, das (Bach), S. 4.
Fohlen und Füllen.
Fond, d. h. Hintergrund, wesentlicher Inhalt (franz.: fond).
Fonds, d. h. Kapitalvermögen (franz.: fonds).
Fontäne, die.
fordern.
fordern.
Fort, das.
fragst, fragt, fragte, S. 21.
Fron, Frondienst; Fronfeste, die.
Fronleichnam.
funfzehn und fünfzehn; funfzig und fünfzig.
Furt, die.
Fürwitz und Vorwitz.
Fußstapfe (Fußtapfe).
gäng und gäbe.
Galopp, der; galoppieren.
Galosche (Kalosche), die.
Gaumen, der.

Gebirge.
Geißel, die (Peitsche), der Geisel
    (Bürge), S. 4.
gemächlich.
gerade.
Geratewohl, aufs Geratewohl.
gesamt S. 5.
gescheit (gescheid).
Geste, die; gestikulieren.
Getreide.
Gewand, Gewandhaus.
gewandt, Gewandtheit.
Gips, S. 3.
Globus, Globusse, S. 5.
Gote, gotisch.
Gräte (Rückgrat).
Grenze.
Grete und Margarete.
greulich, verschieden von gräulich
    (grau).
Gros, das (12 Dtzd.).
Grummet, Grumt, S. 5.
gültig (giltig).
Häcksel S. 3.
Hämorrhoiden, die.
Hai, der.
Hain, der.
hangen und hängen S. 23.
hantieren S. 7.
haushalten.
Hederich, der.
Heer, Heerbann.
hehr (heilig) S. 5.
Heide, der und die.
Hemisphäre, die.
Herbst S. 3.
Herb (der) und Herbe (die).
Hermann.
herrschen.
Hifthorn, das.
Hilfe und Hülfe.
Hoboe und Oboe, Hoboist.
Hoheit.
honett.
Hornis, Hornisse, die.
Hospital, das.
Hotel, das.
Hyäne S. 3.
Hypotenuse, die.
Hypothek, die.
Hypothese, die.
    — ieren S. 6.

Iltis, die Iltisse, S. 5.
indes, indessen.
infallibel.
Inkognito, das.
Inkonsequenz, die.
insbesondere.
insgesamt.
intrigant, Intrigue (die), intrigieren.
Irrtum.
jäh (jählings).
jährlich und jährig S. 3.
Jalousieen (Fensterladen).
Jänner, Januar.
jemand.
Journal, das.
Jubiläum, das.
Justiz, die.
Kadett, der.
Kaffee, der.
Kapitän.
Karawane, die.
Karl.
Karfreitag (der Leidens-Freitag).
Karikatur, die.
Kartätsche, die.
Katarrh, der.
Katechismus.
Katheder, der und das.
Kathete, die.
Kien, der; Kienholz.
Kleks, der.
Knospe.
Ko=, Kon=, Kol=, Kom=, Kor=, und
    ihre Zusammensetzungen, wie z. B.
    kooperieren, koordinieren; Kon-
    cipient, Konferenz, Kongreß, konkret,
    Konkurrent, Konfession, Konfirma-
    tion, Konflikt, konfus, konsequent,
    Konsistorium, Konsonant, Konsorte,
    Konsulent, Kontinent, Kontrakt,
    Kontrast, konversieren;
        kollektiv, Kollege, kolportieren,
    kollidieren; Kommandant, Kom-
    mission, kompetent, komponieren,
    komplett, Komplott, Kompresse,
    Kompromiß; Korporation, Korrek-
    tur, Korrespondenz, korrigieren.
Kohl, Kohlrabi.
Kokarde, die.
kokett.
Kolonie, die.
Komité, das.

Kommode, die.
konkav.
konkret S. 7.
Konsens, der.
Kontrolle, die.
konzentrisch (concentr.).
Konzert (Concert), das.
Konzession (Concession), die.
Kopie, kopieren.
korrekt S. 7.
Kotelett, das.
Krammetsvogel und Kramtsvogel.
Krethi und Plethi.
Kultur, die.
Kultus (Cultus), der.
Kur (die), Kurhaus (das), kurieren.
Kurfürst.
Kürschner, der.
Kursus (Cursus), der.
Lachs, der; die Lachse S. 4.
Laib (Brotlaib), der und das.
laichen, der Hecht laicht.
Laie, der.
Landsknecht.
Lanzette, die.
Lärche und Lerche S. 2.
läßt, du läßt.
Lazarett, das.
Leichnam.
leugnen.
Leumund, verleumden.
Lebloje oder Lebloie.
Lid, Augenlid, das.
Lieutenant und Leutnant.
Lindwurm, der.
Litteratur, die.
Liturgie, die.
Lorbe(e)r, der.
Los S. 5.
Lot (das), löten.
Luise.
Lymphe, die.
lynchen.
mahlen (vom Müller), malen (vom Maler).
mannigfach, mannigfaltig.
Märe, Märchen und Mähre S. 5.
Margarete.
Markise (Sonnendach vor dem Fenster), die.
Marquis, Marquise.
Masse, die, S. 4.

Maß, das, S. 5.
Mathilde.
Matraze, die.
Matthäus S. 7.
Medicin, die (Medizin).
Meltau, der.
Met, der.
Miene (des Gesichts) zu unterscheiden von Mine (unterirdischer Gang).
miß= in mißlich, mißhandeln, Mißmut u. a.
mittels und mittelst, aber nur vermittelst.
mitternachts.
Möbel, möblieren.
Mohr (der) und Moor (das) S. 5.
morgens, des Morgens.
Moritz.
Mus, das.
Muselmann, der; die Muselmanen oder die Muselmänner.
mußt, du.
Myrte, die, S. 3.
Nachbar.
nachlässig.
Nachtigall, die.
Naht, die Nähterin.
nämlich.
Narcisse (Narzisse), die.
naseweis.
nergeln (nörgeln).
neu, aufs neue, von neuem.
Niednagel, der.
Nieswurz S. 4.
Nießbrauch S. 4.
—nis S. 4.
Not, die; nötig.
Nummer, aber numerieren.
Oase, die.
Oberst.
Officier (Offizier).
ohne, ohnedies, Ohnmacht.
Oktober.
Öl, das.
Oskar.
Paar, Pärchen, aber ein paar Tage, d. h. einige T. S. 9.
Paket, das.
Palast.
Paletot, der.
Palette, die.
Pallisade und Pallisade.

Papst (papa) S. 3.
Paradies S. 6.
parallel.
Parenthese, die.
Partei (von pars), die.
Partie, die.
pathetisch.
Pennal, das.
Peripherie, die.
Perpendikel, der.
Pfeffer S. 4.
Pfennig.
Pforte S. 4.
Pfund S. 4.
Photograph.
Polier, der (Maurer).
Portepee, das.
Postillion und Postillon.
Pottasche, Pottfisch.
preisgeben (von dem franz. prise).
Preißel- oder Preßelbeere, die.
prophezeien.
Propst (propositus).
Pyramide, die, S. 3.
Quai (Kai), der.
Qualität (Beschaffenheit), die.
Quantität (Menge oder Größe), die.
Quarantäne.
Quartett, das.
Queue, das.
Quotient, der.
Rabieschen, das, S. 6.
Rapier, das.
Rappe, der.
Rapport, der.
Rätsel.
Rebhuhn, das.
Rechenbuch (nicht Rechnenbuch).
Reede (Rhede, Außenhafen).
Regal (Bücherbrett).
reisen, reißen, reizen.
Reißbrett, das.
Rekurs, der; rekurrieren.
Rezept (Recept), das.
Rheumatismus, der.
Ricke, die Rehkuh.
Riege, Turnriege.
Risiko (das), riskieren.
Robbe, die (Tier); Robe (Kleid).
Rocken, der, des Spinnrades.
Rogen, Fischrogen, der.
Roggen, der (Getreide).

Rudolf S. 4.
Rückkehr S. 5.
Rundell (Rondell).
Rute (Angelrute).
Saal, Plur. Säle.
Sabbat, der.
Saffian, der.
Safran, der.
Saite (des Instruments), die.
Sakristei, die.
Sammet, Samt, S. 5.
sämtlich S. 5.
Scepter S. 7.
Schaf.
Schaff (Gefäß).
Schar, die.
Scharteke, die.
Scheit, Holzscheit.
Schemel.
Schere S. 5.
Scherflein.
scheußlich.
Schibboleth, das.
Schmied.
schneien, nicht schneen.
Schoß, die Schöße, Schoß, des Schosses.
Schwär, schwären.
Schwert S. 3.
sechs, sechster, Sechstel, sechzehn, sechzig.
Seele.
seit und seid S. 3.
Sekundant, sekundieren.
selbständig S. 5.
selig (kommt nicht von Seele).
Sergeant, der.
Serviette, die.
Shawl, der.
sieben, Siebentel, siebzehn, siebzig und siebenzig.
Siegellack, der.
Silbe S. 3.
sittig, sittlich.
skandalieren.
Skelett, das.
skeptisch.
Skrupel (der), skrupulös.
Sklave.
Slave und Slawe.
Sofa, das.
Sohle und Sole S. 5.
Souper, soupieren.

spänen (Spanferkel), verſch. v. ſpannen.
ſpazieren.
Sprichwort und Sprüchwort.
ſpucken, verſchieden von ſpulen.
ſtachlig und ſtachlicht.
Star S. 5.
Statt, Stätte, aber Stadt, S. 3.
ſteinig und ſteinicht.
Stenograph, der.
ſtet, ſtetig, ſtets.
Stil, der (Stiel = Griff).
Strapaze, die.
Sündflut (Sintflut).
Supplik, die.
Symptom, das.
Synagoge, die.
Synode, die.
Tabak, der.
Taffet, Taft, S. 5.
Tapezier.
Teer, der.
Teich (Weiher). Teig (Brotteig).
teilnehmen.
Teleskop, das.
th. S. 6 u. 7.
Thee, der.
Thermometer, der.
Thon u. Ton S. 5.
thun, aber ich thue.
Tier.
Tod (Subſt.), todkrank, todmüde, tödlich; — tot (Adj.), töten, die Toten, totenbleich, totenſtill, Totſchlag. tot ſchlagen, S. 3.
transpirieren.
Trottoir, das.
Truhe, die.
Tuilerien, die.
Tüll, feines Gewebe (der).
Typhus, die Krankheit.
Typus (der), typiſch.
überſchwenglich.
Ulan, der.
Unbill (Plur. Unbilden, aber ſelten).
Ungeziefer.
Unrat.
unrätlich.
unredlich.
unſäglich.
unſelig.
unwiderſtehlich.
unwiederbringlich.

verbrämen.
verdolmetſchen.
verfemen.
vergeuden.
verleugnen.
verleumden.
Verließ, das (Verlies).
verteidigen.
verteilen.
Vikar, der.
vindicieren (vindizieren).
Vlies, das, S. 4 (Vließ).
Vogt (Voigt nur als Eigenname).
vorlieb = fürlieb.
vornehmlich.
Wachtdienſt, Wachtfeuer.
Wage S. 5.
Wagnis, das.
Wahlplatz.
Waid (blaue Farbe), der.
Walfiſch, der.
Walhalla.
Walküre, die.
Walnuß, die.
Walſtatt, die.
Walther (Walter).
Ware S. 5.
wehe ſein, wehe thun.
Wehmut.
Wehr, Landwehr, S. 5.
Wehre, die, wehren; das Wehr, Mühlenwehr.
Weichbild, das.
Weidmann, Weidwerk.
weißmachen, einem etwas.
weissagen.
weitläufig und weitläuftig.
Weizen.
welſch = fremd.
Werg, das.
Wergeld, das.
Wermut, der.
wert, Wertſchätzung.
Werwolf S. 5.
weshalb, weswegen.
Wespe S. 4
Weſtfalen S. 4.
wider (gegen) S. 6; erwidern S. 6; anwidern.
widerlich, widrig.
Widerſacher.
widerſpenſtig.

Widerspruch.
widerstehen.
widerwillig.
wieder (nochmals) S. 6.
wiederbringen.
Wiedergabe.
Wiedergeburt.
Wiederhall.
wiederholen.
wiederkehren.
wiedersehen.
Wiedervergeltung.
wiehern.
Wildpret.
Willkür.
Wirt, Wirtschaft.
Witwer, Witwe, Wittum (das).
wohl.
Wut, wüten, Wüterich.

zähe; Zähett (die).
Zar, der (Czar).
Zebaoth, Herr Z. d. h. Herr der Heerscharen.
Zeichenbuch, Zeichenstunde u. s. w.
Zickzack.
Zierat, die Zieraten.
Zimmt, Zimt (der), S. 5.
Zither (Cither), die.
Zuber und Zober, der.
zufolge.
zumuten.
zuvörderst.
zuwider.
Zwerchfell, das.
Zwerg, der.
Zwillich und Zwilch (der), S. 5.
Zwilling.
zwölf, zwölftens.

VII.
Sachregister.